武　缘

钱承飞　著

文匯出版社

图书在版编目（CIP）数据

武缘 / 钱承飞著. — 上海：文汇出版社，2020.8
ISBN 978-7-5496-3268-8

Ⅰ. ①武…　Ⅱ. ①钱…　Ⅲ. ①纪实文学—中国—当代
Ⅳ. ①I25

中国版本图书馆CIP数据核字（2020）第133322号

武缘

著　　者 / 钱承飞

责任编辑 / 甘　棠
封面装帧 / 薛　冰

出版发行 / 文匯出版社
上海市威海路755号
（邮政编码200041）
经　　销 / 全国新华书店
排　　版 / 南京展望文化发展有限公司
印刷装订 / 上海颛辉印刷厂有限公司
版　　次 / 2020年10月第1版
印　　次 / 2020年10月第1次印刷
开　　本 / 890×1240　1/32
字　　数 / 220千字
印　　张 / 8.625

ISBN 978-7-5496-3268-8
定　　价 / 52.00元

中国心　武林梦

——为《武缘》作序

王培锟

钱承飞先生又要出新书了！他一改前一本书写各个领域的名人开车技巧、心理活动和驾驶理念，而是写武林高手、武术名家、新秀和武术爱好者的感人故事、武学思想、教学经验和练武心得，让人们更深地认识中华武术和传统文化的无限魅力！

笔者练武与教学已经有数十载，在业余时间也喜欢舞文弄墨，须知，从采访到写稿见报或上网刊登，要经历难言难尽的辛苦，要付出常人难以想象的心血！对于承飞友，我也算是武林方面的一个推荐人，记得他与时任上海武术院副院长瞿慧找到我，大家相互介绍，一见如故。他的记者专业采访与敬业精神感动了我，使我在以后的日子里，总是情不自禁推荐一些有新闻价值的武术名家和武术人让他去深入采访，随之他的一篇篇出彩的武术人物专访见诸报端和网站等媒体，我乐见其成！

在他的笔端里，武术泰斗蔡龙云的渊博武学、孜孜不倦，作风严谨；武术名宿蔡鸿祥的武艺超群、独具风格；原上海武术馆馆长纪光宇带领老体协武术委员会教练，培养了一批又一批武术骨干力量，如滚雪球般，在体育场地和上海各社区遍地开花；原中华武术会会长、老武术家冯如龙一心一意教学，把自己的武艺悉心传授给学员；原上海武术队总教练张福云一心扑在教练和裁判工作中，承受巨大压力，甘当无名英雄；“精武世家”、太极少帅傅清泉乐当“空中飞人”，长年累月，奔波于国内外教授太极……一个个鲜活的武术名家精彩纷呈在读者面前。

他在上海精武体育总会任宣传部长期间，主编《精武会讯》，还组建了一支通讯员队伍，积极传播精武文化和精武精神。以后他因为女儿在国外读书需要照应赴美国，又在国外结识了一批海外武术太极名家，如世界太极拳冠军高佳敏、邹云建、吴小高（著名武术家王子平的外甥女），与赴美讲学的原中国武术协会副主席、中国武术九段吴彬（国际武打巨星李连杰的师父）、中国武术十大名师陈正雷、世界太极拳冠军邱慧芳等人接触采访，又与世界武术传播大使、美国功夫杂志创始人简琪，美国少林寺文化中心执行主任延然、曾获得全国大学生运动会对练冠军高婕等人相知。在武术活动中，承飞又对他们进行深入交流与采访，撰写了许多有深度、高质量的人物专访和武术活动稿。

作为资深媒体人，钱承飞从中学开始练武，华拳、南拳、刀枪剑棍都练过，如今又爱上了太极拳。武术对他的写作也是一个巨大的促进，功夫不负有心人，终于水到渠成，结出了累累硕果！

钱承飞先生之所以把武术人物写得如此生动出色，不仅仅证实了他的采访能力和文字功底，更主要的，是他怀有一颗赤诚之心，有对中华武术和传统文化的深情。我想，书名“武缘”正是他一贯追求的武林梦的结果，也是他一生与武术结缘的凝练写照！

2019年8月18日

（作者系国家体育总局武术研究院专家委员会专家、
中国武术九段、上海体育学院教授）

目　录

CONTENT

中外武林新秀实录

美国武林实录

港澳武林实录

上海武林实录

附　录

中外武林人物风采

蔡龙云：15 岁力克俄拳师

每逢周二、周四，在上海体育学院武术练功房内，总能见到一位鹤发童颜的老人，他练武时一招一式，刚柔相济，“精、气、神”完。他随时纠正身旁习武的一位中年教师和两位青年教师的动作，仔细讲解武术动作的攻防要领。在他的引领下，挺拔俊逸、标准规范的华拳动作进入了摄影师的镜头。这位高龄老人就是当代武术界泰斗蔡龙云先生。为了拍摄正在编写的《12路华拳丛书》中的图片，示范中国传统武术项目的规范性和准确性，他不畏严寒酷暑，风雨无阻，悉心辅导。

采访蔡龙云先生是件愉快之事，因为他博学多才，对人热情。上海体育学院蔡龙云大师工作室，办公桌上方挂着“敦厚周慎”横匾，蔡龙云先生忙着为我们倒茶让座。对被冠以“武术大师”或“武术泰斗”之尊，他不以为然。

蔡龙云一再强调说，自己和父亲蔡桂勤一样，仅仅是中华武术文化的传承人和传播者。而谈起练武经历时，蔡龙云娓娓道来：“我是山东济宁蔡行人氏，出生于一个世代练武的家庭。曾祖父蔡公盛，精于技击，除暴安良。父亲蔡桂勤、叔父蔡桂俭，都是近代著名的武术家。受家庭熏陶，我从小就跟父亲练功习武。4岁开始学练下腰、踢腿、站桩、拿大顶等武术基本功；6岁开始学练基本功拳法和拳路；8岁开始学练华拳及枪剑等器械；9岁开始学练打桩、踢桩、打沙袋、打绷子等技击基础功夫；而后进入技击实战练习。”

“小时候学武，父亲对我练功要求非常严格。平时，他对我又特别注重气质的培养，经常讲述革命者的爱国事迹，用古代民族英雄的形象来启发和鼓励我，培养了我爱憎分明的爱国情怀。”蔡龙云深有感触。

敢与西洋拳师打擂台

回首往事，今年86岁、精神矍铄的蔡龙云仍记忆犹新。20世纪40年代，中国人被耻笑为“东亚病夫”，西洋拳击界的一伙人曾多次向中国武术界挑战。蔡龙云的父亲蔡桂勤与著名武术家王子平等武林前辈，为了给中华民族争气，选出了8名选手应战，这其中蔡龙云年龄最小，仅15岁。

1943年11月13日，中国武术和西洋拳击对抗赛在沪举行。经过预先抽签，蔡龙云的对手，西洋拳击界名手、俄籍拳师马索洛夫，年约30岁，体格魁梧，技术全面，步入赛台时，那股傲慢的神情，使得不少观众为小个子的蔡龙云提心吊胆。面对强手，蔡龙云牢牢记住父亲临赛前说的话：“为了咱们中国人的尊严，你要灵活多变，沉着应战，一定要把西洋人打败。”

开赛锣声响了，马索洛夫凭借高大的身材，像一头下山猛虎向蔡龙云扑来，施以一系列的直拳连续猛击蔡的脸部。蔡龙云左右躲闪，仔细寻觅对手的破绽，凭着11年练就的“连环”手法和“迎面三腿”向对手展开了有力反击。他采取长短拳法兼用，上下连环兼攻，刚柔相济的打法，使得对手防不胜防。马索洛夫的头部不时地受到重击，一次又一次地被击倒在地，上场时的那种傲慢劲早已荡然无存。不出五分钟，刚打了两个半回合，马索洛夫已被摔倒12次。第三个回合即将结束时，马索洛夫孤注一掷，倾尽全力，猛然突击，朝蔡龙云脑门狠狠冲出一拳。蔡龙云早有准备，一个下蹲，飞起一脚，正中对手腹部，只听得“啊”一声，马索洛夫高大的身躯晃了两晃，倒了下去。“……七、八、九、十”，裁判员数到十时，马索洛夫躺在地上仍无反应。高大的洋拳师竟败在中国的一个小孩子手下，赛场内爆发出雷鸣般的掌声和欢呼声。由于蔡龙云小名为“大龙”，从此武林人士就送了他一个“神拳大龙”美誉。

武术界的老前辈，曾这样称赞蔡龙云的拳法：“动如蹦獭，静如潜鱼，进如风雨，退若山岳。”

而曾经风靡一时的功夫巨星李小龙在电影代表作《龙争虎斗》中，表演使用过的得意之技“击步三不落地旋风脚”等动作，便是早年从蔡龙云专著的《一路华拳》《武术运动基本训练》书籍中学习、并经过刻苦训练而得到的武艺。

潜心撰写《华拳》丛书

光阴似箭，蔡龙云大师工作室成立已将近6年了。我们欣喜地看到：为了满足广大武术爱好者的需求，蔡龙云教授对原著的《武术运动基本训练》《剑术》（现为《剑术运动》）等书籍进行了系统的修订和增补，已经于2013年再次出版发行，而且有了外文版在国外广为流传。

“我计划撰写12路《华拳》系列丛书，总共12本书，目前已经完成一至六路《华拳》，大约120余万文字。丛书全部完成，大约还需要2至3年。我目前除了吃饭、睡觉之外，其他时间几乎都扑在编撰《华拳》系列丛书的工作上。”他还谈到，挖掘、整理和撰写这套武术丛书，就是为了不使华拳这个中国古老的传统武术项目失传，而且要发扬光大，既可以让专业的武术运动员练习和比赛，又便于广大武术爱好者学习使用。

上海体育学院武术学院副教授蔡纲是蔡龙云第二个儿子，子承父业，他从小就练武。近年来，蔡纲与来自外省市的武术青年教师王继强和席饼嗣一起，为了父亲编写《华拳丛书》拍摄图片而担任华拳动作的替身“演员”。他们在练功房严格按照蔡龙云的要求，一遍又一遍练习华拳。蔡纲谈起父亲蔡龙云时是一脸的敬仰：“我的父亲自奉节俭，谦虚待人，从来不以大师自居。他性格豁达开朗，潇洒闲逸。‘琴剑楼’是我家一间小楼的室名，以前经常是高朋满座、宾客盈门，师生或武友论武说道，谈笑风生。空闲时，父亲亦会弹奏几曲古琴，泼墨挥毫几笔。他时常对我和大哥说‘琴如人生，字如其人’。闲情雅致间，承载着一种很深的哲学和审美理念。他教育我们用琴、字正音正心，从而学会严谨治学、修身养性。如今，为了静心编书，琴剑楼已成为父亲编写《华拳》续集的地方，他孜孜不倦，勤奋工作，即使在酷暑闷热难耐的晚上，也仍然坚持写作。由于老花眼，他时常要借助放大镜手写并修改书稿中文字或拳路的每个细节，为传播中华武术文化倾注心血。”

为配合蔡龙云教授书稿拍摄图片的青年武术教师王继强和席饼嗣说，蔡教授在编撰《华拳》系列丛书的过程中，十分讲究一招一式的规范和准确性，不仅毫无保留、手把手地认真传授武艺，还像对待小辈一样无微不至地关心爱护我们，嘘寒问暖。即使在寒冬腊月，他教学时仍会连续做武术动作一两个小时，不肯停下来休息片刻，他的“只争朝夕”精神令人敬佩。

以弘扬中华武术为己任

曾任国家体委武术研究院副院长的蔡龙云教授是我国著名武术技击家、理论家、教育家，中国武术九段，武术国际级裁判员。他擅长华拳、少林、太极、形意诸技，尤精技击，是我国武术界公认的一代宗师。

蔡龙云几十年“沉醉”于研究中华武术文化之中。在访谈中，蔡龙云先生说，武术以“体势”分类，其拳术可以分为：工、行、醉、绵、劲、别六种。华拳则是工、行的“结合体”。剑术可以分为：工架剑、行剑、醉剑、绵剑四种。说话间，他站起身来，拿起剑，比划着握剑把的方法，边做边说，剑法先后变化出满把、螺把、压把、钳把、刁把五种形态。

老骥伏枥，志在千里。蔡龙云教授表示：“我只是做了自己认为有意义而喜欢的事情，而党和人民却给了我这么多的称号和荣誉。我愿意用毕生的精力，广泛弘扬中华武术文化，为促进和推动中国与世界人民的文化交流作出新的贡献！”

（2014年11月20日）

蔡鸿祥：入选首张武术明信片

“大鹏展翅”出奇制胜

在“中国武术在线”网站，墙上挂着著名武术家的一幅幅武艺展示照，其中一幅黑白老照片“大鹏展翅”，虽然年代已久，但格外引人注目，这就是武术名宿蔡鸿祥当年在全国武术比赛时的雄姿。照片中，风华正茂的蔡鸿祥展开双臂，腾空跃起，眉宇间英气毕露，犹如雄鹰般俯瞰大地。

1958年，全国武术运动会在北京什刹海体育场如期举行，时年27岁的上海市武术队队员蔡鸿祥以一招“大鹏展翅”荣获拳术冠军。蔡鸿祥独有的这一经典动作，瞬间被摄影记者捕捉到了，此照片刊登在同年《新体育》杂志的封面上。

两年后，蔡鸿祥带着他的学生参观新建的本市闵行一条街时，大大小小的商店橱窗内竟然都有他“大鹏展翅”的照片。他的学生们见状后，自豪地向商店营业员介绍说：“这张照片上的人物就是我们的武术教练！瞧，他就在那里！”众人的目光顿时齐刷刷地扫向站在一旁的蔡鸿祥，他竟像小姑娘一样害羞了，脸涨得通红。

新中国发行第一张武术明信片时，“大鹏展翅”这个经典动作再次被选中。从此，蔡鸿祥的武术英姿传遍了祖国的大江南北。

身怀“三绝”武艺

蔡鸿祥生于1931年，上海市川沙县人。他自幼酷爱武术，6岁起便拜武坛名家蔡桂勤为师，终年苦练武功，不畏艰难，经过12个寒暑，终悟其真谛，基本功、拳械技艺、擒拿格斗诸艺尽得师传。在习武中，他十分注重“求德、求功、求法、求艺”，博采众长，精益求精，不仅擅长华拳，并且对太极、螳螂、八卦等拳械造诣亦深。他与师兄蔡龙云（蔡桂勤之子）如亲兄弟，形影不离，两人经常切磋拳艺而废寝忘食。有一次，由于练功过度疲劳，蔡鸿祥竟然晕倒在地。正是他锲而不舍的韧劲，受到了师父蔡桂勤的格外赏识。

聪颖好学的蔡鸿祥继承了恩师蔡桂勤的拿手技艺“脱手飞镖”和“长鞭”，并有所创新。他飞镖能双手齐发，百发百中；长鞭能两手同打，鞭声如雷，令敌胆寒。人称其有“三绝”：一绝“童子腿”，他腿的柔韧性、灵活性如孩童，伸缩蓄发如利箭，“青龙卧滩”为其代表动作。他演练的“金鸡独立”势，独立腿笔直、稳固，上提腿屈拢，膝高可与肩平。二绝“蛇形腰”，他的武术动作表现为：腰活如蛇，闪展腾挪、起伏转折、身法变化，运用之妙。有人赞扬他的“飞凤剑”是“银蛇游龙一神剑”，那“风摆荷叶”的动作，展示了他腰活如蛇的功夫，只见他左闪右击、右闪左击、吞吐变化、扑朔迷离，而身穿白绸衣的蔡鸿祥，配着他那节节贯穿的身法，简直成了一条“游龙”。三绝“燕飞势”，窜、蹦、跳、跃，身轻如燕，尤擅“旱地拔葱”。

他嫉恶如仇，不畏强暴，早在20世纪40年代，蔡鸿祥少年时曾碰见国民党兵痞无端欺压平民，顿使其义愤填膺，一阵拳脚，打得一群兵痞狼狈逃遁。

武坛骁将“硕果”累累

1982年10月中旬，秋高气爽，西子湖畔，来自各省市的武林高手云集在浙江体育馆内。原来，全国武术裁判员培训班正在这里进行武术技术考核，年过半百的上海体育宫武术教练蔡鸿祥沉着应“国考”，他上场演练了华拳——十二路连环拳术。人们渐渐被蔡鸿祥那势正招圆、舒展挺拔、窜跃迅速的身手和奔放的拳势步法所感染，所有的武术动作，他一气呵成，没有丝毫偏差，赢得了满场的掌声和喝彩声。“主考官”们也频频点头、露出赞许目光。该年蔡鸿祥顺利获得国家级裁判员的资格证书，他是进入国家级裁判员考试中年龄最大的一个。

蔡鸿祥也是我国武坛上的宿将，他连年来创下的“硕果”累累。1953年，他在天津全国民族形式体育表演及竞赛大会上，一举获得三路华拳、双枪与四路华拳对练等三项一等奖。他在1956年12单位武术表演大会以及1957年全国武术表演大会上均获优秀奖。1958年，他在全国武术运动会获表演一等奖及拳术冠军。1959年，他在第一届全运会武术比赛获长拳亚军、表演项目一等奖。20世纪80年代初，武术散手运动崛起，蔡鸿祥积极响应国家对散手运动进行试验的号召，勇于开拓，组织散手探索训练，自创擒拿格斗术，为我国散手运动健康发展作出功绩。1983～1987年，他20多次担任全国、公安特警和国际武术及散手、太极拳推手比赛总裁判长，任武术散手国家级裁判考核委员会主考。1983～1993年，他10次应邀赴日本各地讲授武术，所表演的飞凤剑、华拳、杨式太极拳、太极剑、刀为日本弟子及爱好者所倾倒。1994年，他又赴美国讲授武术课。在日、美讲学期间，与其“试招”而败北的外国人莫不称赞“中国功夫真厉害”。

蔡鸿祥历任上海市青少年体校、体育宫、武术散手运动队教练及总教练，上海市武术馆副馆长，市武术协会副主席，市武术队技术顾问和老年武术团团长。他是中国武术协会委员、武术八段、曾经多次获上海市武术优秀教练员、裁判员及先进工作者称号。还著有《十二连环拳》《古今武艺名家拳种》等书。他于1985年获得国家体委授予的“新中国体育开拓者”荣誉称号。1988年被评为全国优秀裁判员。1995年，在中国武术协会等组织的“中华武林百杰”

系列活动中，他被评为“十大武术名师”之一。

正如当代武术名家王培锟所评价：人们称蔡鸿祥为“武坛骁将”名副其实。他是一位承上启下的武术家，他所走的是“专一门、精一门”之路。他并不泥古、守旧，既对华拳拳系的技艺不断精益求精，又合理地吸取各家之长，融会贯通。他的得意之作是“飞凤剑”，这种剑法比以前内容有更新、技法有新招，更成熟了。

名师出高徒。50岁那年，蔡鸿祥受聘担任上海市散手运动队总教练时，专门传授擒拿格斗术，培养了一批优秀散打运动员。同时，他还从实战出发，精心培训上海市委警卫队以及武警战士，教出了一大批实用型保卫人才。有一次，蔡鸿祥的一名高徒在执行外事任务时，身手矫捷，抢在外宾的随行特工人员之前解除了突发险情，令外宾及其特工人员刮目相看。事后，这名高徒受到上海市人民政府的嘉奖。得知此事，蔡鸿祥非常高兴，同时也深感自己肩上的责任重大。

据了解，他在工作之余，当时还担任数部武术影视片的武打设计或总教练、演员等。他是位集优秀运动员、教练员、裁判员、武星于一身的“四栖”武林耆宿，不仅以精湛武艺赢得了武术界的一致认可，还是一位德艺双馨的武术家。

严师讲武德重情义

大名鼎鼎的蔡鸿祥不仅严格教学，还十分注重师徒情意。我的妻子和姐夫都曾经跟蔡鸿祥老师学武术，我时常听姐夫自豪地说起当年与蔡老师练武的经过：那时由于邻里关系，他经常鼓励我姐夫练功，以后姐夫就成为蔡老师的徒弟。我妻子提及小时候与师姐李福妹一起在市少年宫跟蔡老师练功的场景，至今仍历历在目：“那时师父教徒弟可真严格！一个武术小动作，如果练得不到位，绝不让你‘过关’，否则就不会再接着教下一个动作。”

我认识蔡鸿祥老师，是在上海一场海灯法师诞辰纪念日活动上，各路武林高手武功大汇演。那是一个雨雪交加、寒风凛冽的晚上，蔡鸿祥笑容满面地出现在大家面前。使我感到惊讶的是，时隔三十多年，蔡老师一见到我身旁的妻子，就用上海话叫出了她的名字，对于他的学生尽管几十年未见面但仍牢记在心，蔡老师亲切地招呼着：“福妹，侬过来，侬师妹来了，阿拉一道来照张像吧！”一张珍贵的师徒合影照就此留了下来。我还记得是在1971年，我少年时在人民公园练武，经常看见蔡鸿祥老师带着他的爱徒双胞胎方媚、方婷一起教练武功，他练的华拳舒展优美，刀、枪、剑、棍无所不精！我很是羡慕，当时我胆子太小，不敢贸然上去求教名师，因此就无缘认识蔡老师学武练功。

今年年初，我到美国探亲，离美临行之前，妻子一再叮嘱，要我春节之前去探望在家养病的蔡老师，然而，由于自己事情一多，却未能如愿，如今竟成为我与妻子的一大遗憾。

一代武坛名宿陨落

蔡鸿祥先生是我国武坛一代名宿，驰骋武林几十年，才华横溢，蜚声国内外。他慈祥和善，平时为人低调，即使到了他的辉煌巅峰，也从不居功骄傲，仍虚心好学，不畏艰难，是一位追求完美的武术家。即使到了疾病缠身时，他仍凭着顽强的意志与病魔作斗争，就是在生命弥留之际，蔡老还念念不忘武术发展事业，实在感人肺腑。在他晚年秋叶飘零时分，武术界的领导和好友，曾多次前去探望、慰问他老人家。

蔡鸿祥于2015年5月4日突然驾鹤西去，享年84岁。噩耗传来，许多武林界朋友简直不敢相信自己的耳朵，“这是真的”？“鸿鹄高飞，祥雨普降”。在5月8日下午举行的一代武坛名宿蔡鸿祥先生追悼会上，他的亲密师兄、武术泰斗蔡龙云赶来了，他的弟子们也赶来了，各武术团体领导、武林好友和武术爱好者近二百人都赶来送蔡鸿祥先生最后一程，看他最后一眼。愿一代武坛名宿蔡鸿祥先生一路走好！

（2015年9月14日）

王培锟：培养出“中国散打王”

王培锟教授，曾经先后担任上海体育学院武术队、散打队总教练、上海市武术队总教练，培养了许多优秀教练员、运动员与硕士研究生。他曾任上海体育学院教务处副处长、武术系主任、上海市武术协会副主席。1996年，他在中华武术百杰评选活动中被评为“十大名教授”；现为中国武术研究院专家委员会专家、上海精武体育总会总教练、武术国际裁判、中国武术九段。

“如鱼得水”的感觉

名人就是忙人。所以，采访武术名家王培锟教授可真有点难度！他于2002年从上海体育学院退休后，至今“退而不休”，马不停蹄，在社会上“讲武学、传武术”忙个不停。好不容易才找到他，他自喻为“漫步武林”拾穗，于是就从他“漫步武林”的话题说起：他出生于“武风”甚浓的福建福州市，生性爱动，调皮捣蛋，深受“尚武”精神熏陶，在盛行于民间的“南少林”拳的影响下，他也渐渐开始练习一些拳脚。初中开始，他对一些古今涉及战争的名著和武侠小说极感兴趣，如《水浒传》《三侠五义》《三国演义》《十字军远征》《三剑客》等书籍爱不释手。但没有条件买书看，只能利用课余时间到新华书店开架书中，觅得一本，如饥似渴地看上几页，在书店关门前记好看过的页码放回书架，第二天续读。看完一本，再换另一本。知识丰富了，视野开阔了，对于他日后的成长教益匪浅。

他是家里的独子，作为邮电工人的父亲希望他子承父业，报考北京邮电学院，却不赞成他报考“打拳卖艺”的行当，但他三个志愿全部填了“上海体育学院”。志在必得！功夫不负有心人，他于1960年考进上海体育学院武术专业，由武术前辈蔡龙云教授、王子平的女儿王菊蓉教授直接传授武艺；还从南拳王、武术系主任周士彬教授那里，刻苦学习中国式摔跤，跟从张立德教授习练击剑、拳击等运动项目，真可谓如鱼得水。他勤奋练习，不畏艰难，四年寒窗苦读与练武，没有回家一次，毕业留校任教，他很高兴，利用假期回家，特意买了一瓶茅台孝敬父亲，不料他父亲喝醉昏睡了三天才苏醒过来。

“文革”期间，学校不让练武，但他“胆大包天”，躲在学校足球墙的背后偷偷地练功，把刀枪剑棍练得虎虎生威、无所不精，可还是被“工宣队员”看见了，扬言要“没收他的武术器材”，但他毫无畏惧地说“这是我的吃饭家当”，对方只能说“小王老师，那就暂时放一放吧”。自己心爱的武术岂可荒废了？他还是没有停止锻炼，只是换个无人知晓的场地习武，寒冬腊月，他练武不歇，每次习练、每个动作，力求做到自己满意才罢休。

引以为豪的那些事

随着参加国内外武术活动的增多，各类裁判工作的展开，王培锟有了许多机会向各地武术前辈虚心求教，共同交流和切磋武艺，逐渐在武术理论和技术运用上有了长足的进步。1964年毕业留校任教至1996年间，他先后创建“武术散打”项目、“上海体院竞校武术队”，在一段时间里，兼任上海体育学院武术队、散打队总教练。所建的“散打队”以及“竞校武术队”在后任的教练努力下，至今代表上海参加国内外诸多大赛，成绩斐然，仅金牌就有数十枚之多。院武术套路、散打运动员在全国武术套路、武术散打比赛中均代表上海获得全运会冠军，他组建的太极拳队也曾连续5届获得全国冠军，可谓“硕果累累”。

“光凭写几篇论文，如果没有武艺实力，是根本不可能获此殊荣的！”为此王培锟没有少花心血，倾其所能，毫无保留地把自己的武艺传授给武术队员们，更是把自己虚心好学、勤奋钻研的精神传给了他们。而最大、最难的，恐怕就是为上海体院拿下“武术博士点”。对此王培锟深有感触，整整两年他没有睡过一次安稳觉，光是如何整理、填写、申报，一叠资料就很动脑子，费精神。光是申报流程与填各类报表的工作量就够呛，他几进北京，专门向“申博”专业人士、专家虚心求教、仔细咨询。为了节约资金，他住在国家体委招待所，不管远近都乘公交车往返。此后，他又用所准备的“武术申博”说词，游说专家、评委，以争取他们的认可。博士点授予权由国务院学位办7人专家评审与投票才能确定，非常严格。机会总是垂青有准备的人！投票结果终于出来了：五票赞成，一票弃权，一票反对。申报成功了，武术“学科”的层次提高了，有了武术再发展的优势平台，这是一代武术人的骄傲！此时的王培锟也陷入了如何办好全国唯一的武术博士点的沉思之中……

探索之路无止境

从实践到理论，从理论再到实践，周而复始，不断上台阶，产生质的变化和新的飞跃。王培锟在武术活动和裁判工作中不断总结武学经验，并上升至理论，进行深入探讨，引起了当代武术界的关注和重视。早在1984年，他就提出“武术应走向世界体坛”的观点，因为武术运动源于中国，属于世界。他认为，可以选择有代表性的拳种优先推广，分阶段、有步骤地在国内外深入推进，最终实现武术进入奥运会的目标。2010年1月，他又写了《对中国散打运动融入世界体坛的思考》，由于散打运动具有民族性和时代性，为了充分展现散打功能，需要进行市场化推进，让中国散打运动自立于世界搏

击之林。1980年，他就在武术竞技方面提出了《关于武术“旋子转体”转动力学的探讨》，根据动量守恒定律，运用科学理论进行分析，入情入理，丝丝入扣，令人信服。他提出了“‘长拳慢练’创造更多的健身品牌的新理念”，如腾得高、难度大的跳跃动作，老人可以舍弃，把长拳动作变快为慢，放慢速度，自然就不太吃力，但健身效果不减，青少年则可以取高难度的武术动作练习。这样既可创出新的武术健身品种，而且可让各传统拳种得到更好的传承；他还认为“武术不仅是传统的体育项目，更应发挥其‘武术教育’的作用”，让“武术教育”在培育习武者的德、智、体全面发展上发挥更多的作用。他的武学评论和出访活动，为推进中国武术运动不断创新发展、进一步推向全球做出了贡献。作为专家、学者，他出访日本、意大利、美国和澳大利亚、法国、韩国等国家，所到之处，受到了当地武林界人士的热烈欢迎。回国后，他的一篇篇优美散文也新鲜出炉。

传播武学不停步

2014年的冬天，在杨浦区培训中心，王培锟老师在声情并茂的讲课中，走下讲台，做起了武术的示范动作，一招一式，刚劲有力；他一边做，一边讲解攻防内涵，台下学员鸦雀无声。《上海武术在线》网站已经在此举办了三期社会体育指导员武术专业委员培训班，场场爆满。殊不知，王培锟昨天刚去北京参加“全国武术段位制工作会议”，今天就赶来上课呢！“社会上许多群众大老远赶过来听课学武，我岂能不来？”他对于社会体育指导员有着特殊的感情，因为通过他们，可以推动更多的武术爱好者练武强身，何乐而不为呢！

“我一向支持年轻的武术人投身武术教育行业中。”热心肠的王培锟说到做到，只要有人找他，有求必应，有空必去辅导，并关注其成长和进步。2010年，他在学院认识当时为武术研究生的小阚（《尚体武苑》的创办人），曾经问过“毕业后的志向”，小阚回应说，将“武术教育”项目作为毕业后的创业选项，且已在策划实施中。对于学生的创业之举，他表示赞许，并说“如需要，当尽绵力”。自此，他经常关注学生的进展。

相濡以沫的“武缘”

说起他的妻子曾美英，王培锟一脸的幸福感。是“武缘”结下美好姻缘，王培锟“坦白”地说：“我们都是福建人。我生于福州，她生于莆田，小我两岁。1964年我毕业后留校当老师，当年，她也考进上海体院，选学武术后，我们是师生。因为她善良美丽，又是同乡，也就相识、相恋，她1969年毕业后分配到广西隆安县任中学教师。虽相距数千里，我俩依然不离不弃。次年，我在上海买了压缩饼干和喜糖，乘着西去的列车，到柳州、转南宁，再坐上长途汽车，盘山绕行到了隆安县。次日在当地办了结婚证书，就在这边陲的山区小县，虽无亲人、也无好友参加的婚礼，依然甜蜜、幸福。”第二年，他的妻子曾美英调入广西师范大学体育系任武术专职教师。直至1979年回到母校从事武术教研工作，才结束“牛郎织女”的生活。王教授还说：“女儿生下来就由我妈妈来照顾，后来我妈病了，无法留她在福建，而妻子在广西工作非常忙，又不方便。我不能让妻子分心，就将年仅1周岁3个月的女儿带回上海，送到幼儿园。我夜里备课，白天进行教学训练外，早送晚接，全方位照顾幼小的女儿，度过一段极为艰苦的生活历程……”

他的妻子曾美英副教授，也长期担任武术教学、裁判工作，是国家级武术裁判、武术八段，善于研习太极拳，曾以太极拳专家的身份，被中国武术协会聘为诸多“太极拳赛事”的裁判长，也是赴西部太极拳专家组的成员，曾被上海市武术协会、上海体院派往日本大阪、北海道开展太极拳教学。她退休后仍坚持太极拳教学、宣传活动，如今仍在上海体育学院退休太极拳班、同济老年大学太极拳班讲课，还经常应聘在“精武会”等社会团体中讲学，忙得不亦乐乎。夫唱妇随，两人自身工作只要一空下来，就是切磋武艺和交流经验，互相取长补短。“她的太极拳技研究比较深，我也经常向她讨教嘛。”王老师笑着说。他俩虽经历了十年的分居生活，也经历过暴风骤雨的洗礼，依然毫无怨言，不断为“武术结缘”添砖加瓦。

相濡以沫夫妻情。由于飘逸豪放的性格，王培锟老师被拳友戏称为“武术界的李白”。因为他经常外出无暇顾及家里，而王培锟经常说的一句口头禅“曾美英给予我极大的理解与支持”给了妻子最大的安慰，埋怨之语烟消云散。

“我们有退休金，无后顾之忧，能为传播中华武术文化事业、让更多的人健身强体、习武获益，是一大幸事，尽绵薄之力也是理所当然的。”两人坦言。

在培养青少年武术兴趣、广泛传播武术文化和普及武术运动方面，始终是武术名家王培锟“退而不休”的主线和人生目标。通过讲学和传授武艺，与民众面对面交流，于是一条宽广的武林大道崛起了，武术事业越来越兴旺发达。他积极引导民众强身健体，人们从他的言传身教中不仅学到了精湛武艺，而且学到了武德和怎样做人。循着王培锟数十年“漫步武林”的足迹，我们不难发现，他的身上闪耀着我们国家和人民在实现中国梦的过程中大力提倡的“孺子牛”的精神！

（2015年4月17日）

吴彬：慧眼相中李连杰

2018年5月20日（美国时间）是加州圣何西第七届功夫太极日，原中国武术协会副主席、国际武术联合会技术委员会主任、北京武术院院长、北京武术队总教练吴彬九段在现场接受媒体记者采访时说，选择武术好苗苗，需要全面和综合考虑，如果后天不足，而身体素质总体好，只要训练方法跟上去，也可以培养出武术人才！这是他当年“挖掘”8岁的李连杰并进行培养的经验之谈！

1971年李连杰进入北京什刹海体校时，当时的体校武术教练吴彬了解到，李连杰2岁时父亲患心脏病早逝，由于后天不足，他人比较瘦小，然而身体素质总体比较好，当时李连杰已经8岁，跳远可以跳2.2米，短跑速度快，显示了爆发力强，加上柔韧性好，于是决定让李连杰进体校练武术。

在吴彬教练科学的教学方法指导下，李连杰刻苦学习，不断进取，经过4年春夏秋冬不间断的训练，于1975年参加全国运动会武术套路比赛获得全能冠军。1979因受伤退出

武术界，却又在影视界大展拳脚，李连杰于1982年主演首部电影《少林寺》，该片打破了华语电影中国内地的票房纪录。1986年他自导自演动作片《中华英雄》，1991年他主演的动作片《黄飞鸿之壮志凌云》奠定其在影坛的地位。以后又拍了多部武侠影视片，2008年他凭借《投名状》获得第27届香港电影金像奖最佳男主角奖。李连杰是继李小龙、成龙之后又一位在国际影坛具有影响力的华人著名武打明星。李连杰以后闪发耀眼的光环，离不开当初吴彬老师慧眼识英雄，李连杰也从不忘恩师，经常去看望吴彬老师，如今李连杰活跃在慈善事业上，让吴彬老师感到欣慰和自豪。每逢遇见武术比赛小朋友练武时，吴彬老师总会想起当年李连杰勤奋好学的练武情景。

（2018年7月14日）

陈正雷：奔走50余国传播太极

2017年5月13日周六晚，上海江湾体育场5号门正雷太极书院上海总院内座无虚席，来自四面八方的200多名武术爱好者在此聆听从河南温县陈家沟赶来的陈正雷宗师精彩演讲。这是一场公益性的太极公开课。课后，陈正雷接受媒体记者采访时说，是中国太极文化的魅力吸引了众多的听众前来，练习和传播太极文化，不仅可以带来家庭幸福和社会和谐，还是中国人民与世界各国人民友谊的纽带和桥梁！

陈正雷宗师是陈家沟陈氏十九世、陈氏太极拳第十一代传人。他八岁跟伯父、全国著名的陈氏太极拳大师陈照丕学拳，1972年他又师从堂叔父、陈氏太极拳大师陈照奎学武艺。60年来，他从没有离开过拳！陈正雷说："太极拳是无声的语言，无形的纽带。20世纪80年代起，我出访过全世界50多个国家讲学，所到之处，不同民族、不同肤色和不同语言，都是鲜花与笑容，是太极文化把全世界人民的心连在一起，增进了相互了解和友谊！"

在数十年传播陈氏太极拳的事业中，陈正雷创下众多的第一：他是陈家沟陈氏太极拳师走出国门讲学的第一人，是他第一个将陈氏太极拳传到日本；他是迄今为止，当代太极拳家中出版发行著作最多的人，他填补了陈氏太极拳没有器械著作的空白；他是中国武术界制作武术电视片的第一人，他发行了第一部陈氏太极拳电视教育片；他创办的陈家沟太极拳馆的规模在中国武术界首屈一指；他是中国武术界个人注册创办武术杂志的第一人……

1995年，陈正雷被国家体委武管中心和中国武协主办的“中华武林百杰”活动评为“中国当代十大武术名师”。2006年，陈正雷被国家评定为“世界非物质文化遗产的杰出传承人”。

“全世界目前有3亿多人打太极拳，充分说明了太极拳对人体的益处很大，太极拳这项缓慢柔和的有氧运动，对人体神经系统、呼吸系统、消化系统、循环系统和肌肉骨骼系统改善都有好处！其他作用还有防身自卫、可以改变个性，完善人格，化解生活压力等等。”当有人谈到练太极拳会不会受到损伤时，他说，主要是有些人练太极拳的方法、角度和位置不对，才有可能出现这种情况。练太极一定要循序渐进，而且预先还要进行热身运动。陈正雷宗师的一番话对热爱太极拳的人们是一个忠告，也是他几十年练习太极的深刻体会！

（2017年5月15日）

纪光宇：武术界“黄埔军校”领头羊

2015年年末，周四上午的黄浦区卢湾少体校篮球馆依然热气腾腾、刀光剑影。4楼馆内及过道都是练武之人，队形整齐、动作规范。只见一位走路风风火火的老人时而与武术教练交流，时而又纠正学员练武动作，顺手把学员倒地的练武刀摆放好，他就是原上海武术馆馆长、上海市老年人体育协会武术委员会主任纪光宇。作为已创办12年的上海市老体协武术委员会领头羊，此刻，最让纪老师舒心的是，他的“黄埔军校”（因武术委员会的重点工作之一，旨在培养社区太极拳骨干队伍，因此严格的训练和正规化的建设，被广大学员誉为“黄埔军校”）至今已培养了800多名社区太极拳骨干队伍，活跃在各地，正在为武术文化传播事业作出新贡献。

“黄埔军校”的由来

如今遍布全市的社区、街道、乡镇、老年大学、社区学校、中心绿地，有相当部分太极拳教练都来自于这所“黄埔军校”的培训学员，其中有些教练还到外省市和国外教学，广为传播中华武术文化。据不完全统计，从2004年至今，“黄埔军校”举办了各式太极拳、器械及辅导员、裁判员等各种培训班达120期，参加培训达5 000多人次，培养教练员50名、辅导员170名、太极拳骨干800多名。其中中国武术6段18名，中国武术二级裁判员17名、中国老体协太极拳裁判员57名，犹如“滚雪球”，通过他们在广大民众中对太极拳的推广、普及、提高，吸引了更多的中老年人通过太极拳的锻炼，强身健体。这些“黄埔军校”培训出来的骨干队伍，活跃在最基层，对于推动全市中老年人太极拳运动的发展起了积极的促进作用。为构建和谐家庭、和谐社区、和谐社会以及积极应对上海老龄化作出了贡献。

“黄埔军校”为何有如此强大的磁场？纪老师形象地描述，培训社区太极拳教练员，同样需要有“四两拨千斤”的工作状态！首先“教官”队伍需要一流的。他的武术“教官”团队阵容有：国家级武术裁判、中国武术八段冯如龙，曾经获得全国武术锦标赛南拳冠军；上海首位获得国际级武术裁判的徐慕萱，善于传授少林、形意和太极拳；曾培养多名学员在全国武术传统项目比赛中取得优异成绩的陈式太极拳研究会副会长倪祥章；杨氏太极拳传人、一代宗师杨澄浦嫡传弟子傅钟文的爱徒苏黎献；桃李满天下的原上师大体育系主任沈荣渭等人。纪老师也是练武之人，已获得中国武术八段。

“端正教学思想，认真教学非常重要！要用诚信对待每一位学员。”纪老师动情地说：“我要感谢我的教练团队，是他们给予我工作上的全力支持，不为名利和钱财所动，因为人生价值观取向不同，他们坚守阵地，耐得住清苦，潜心教学，家住浦东三林塘的冯如龙老师脚不好仍然坚持赶来上课，倪祥章老师从宝山张庙要换乘几趟车赶来教学……”教练团队在十几年的教学中，始终做到认真备课，认真教学，耐心细致，毫无保留地讲解，真诚地对待每一位学员，使学员真正能“学有收获”。许多学员说我们是“现买现卖”，这里学的东西回去立即就用在自己的教学中。教练员就是用自己的人格魅力吸引了广大学员前来练武。

“练拳先学做人”，纪老师和他的“教练团队”也很重视骨干队伍的思想建设，专门制定了“学员守则”，明确提出“坚持社会主义精神文明建设，积极倡导科学健身方法，反对伪科学和封建迷信、门户宗派观念”；辅导员的培训班上，沈荣渭老师专门讲课“怎样做一个好的辅导员”；纪老师还经常要求学员在训练场上，做到相互帮助、相互尊重、相互理解、相互宽容，建立和谐的人际关系，为创造良好的训练环境作出努力。十几年来，训练场上形成了良好的训练风气，从没有发生无原则的纠纷，使大家在良好的环境中学有收获，高兴而来，满意而归。现在每学期学员就达150人左右，年龄从40岁至70多岁的都有，最远的从居住地松江赶来习武，而且每次都能准时到场。

纪老师清醒地认识到，学员把培训班誉为“黄埔军校”，是对我们提出了更高的要求。

凝聚力来自何方

纪老师为人低调，做人谦虚，干事实在，考虑周到，这使得他在教练团队赢得了凝聚力和赞誉。2015年上海中老年人太极拳械比赛于6月13日在黄浦市民健身中心举行。“这么多的中老年人开展武术比赛，人身安全格外重要！”作为大赛的组织领导，纪光宇深感责任重大。他因此尽量把安全措施做得更细致、更到位，在赛前就与25支中老年参赛队签订了安全协议书；并决定参赛队员可以“临阵”换人，这是考虑老年人身体状况和保障健康的人性化规定，同时在赛场配备了专职医生应急。武术比赛落幕了，老人们安全离开赛场，他心头的“石头”才落地。每次参赛，他自己制作PPT，留作以后比赛的参考资料。制作“十周年纪念册”，他为了节省成本，集策划、设计和后期制作于一身，夜以继日，精美的纪念册发送给练武的中老年人手中，大家分明感受到了纪老师的深情厚意。平时，逢周四开班时间，他总是第一个到训练场所，最后一个离开，全力做好后勤保障工作，服务意识相当强。就是感冒发烧，他也坚持到练武场上课，做好各项服务和指导工作，哪里需要，他的身影和教课声音就会在那里出现和响起。榜样的力量是无穷的，在纪老师的言传身教下，他的“教官”团队齐心协力，认真带教，不厌其烦，耐心纠错。带教老师的“顶真”劲儿，让一批又一批学员深受感动。

在“各方支持”中发展壮大

纪老师感慨地回忆说：“黄浦区卢湾少体校篮球馆目前已成为社区太极拳教练员的摇篮。然而，2003年，我们接班时，由于体制转变的问题，困难不少，一无办学经费，二无训练场地，三无办学经验。大家全凭着一腔热情，自筹资金，自找场地，自贴车费，艰苦条件可想而知。”当时他的教官队伍拥有“四驾马车”：邵善康（原上海市武术队总教练）、徐慕萱、倪祥章和陈俊彦老师，后来沈荣渭和徐志彬、苏黎献、冯如龙等老师相继加盟。他的教练团队是这样评价纪老师的：具有人格魅力、亲和力和凝聚力。人格魅力来自于他有一身正气，也就是现在说的正能量。纪光宇在武术馆当领导时也没有任何架子，在老体协工作时，就更是如此。他总以商量的口气与“教官们”说事儿，十分关心教练员生活。但纪老师永远不会忘记除了有优秀的教练员外，还离不开各方面的支持。纪老师说：“如训练场地，我们就得到上海武术院的大力支持，每周四武术院就把整个羽毛球馆给我们作为培训场地，2012年下半年由于上海武术院改建，我们又得到黄浦区（前卢湾区）体育局、区老体协的大力支持，迁移至卢湾少体校篮球馆继续训练。在工作中，我们还先后得到上海师范大学体育学院、南京西路街道办事处、黄浦区五里桥街道办事处的大力支持。除了上述单位领导的支持外，还得到武术大师蔡龙云教授、邱丕相、王培锟、虞定海、卫志强、陆根秀等教授和青浦武术协会主席丁裕春的支持。”纪老师谈到，正是由于各方面的支持，老体协武术委员会的工作才能“如虎添翼”，每年不仅坚持对社区太极拳骨干队伍的培养，每年还举办两次上海市中老年人太极拳、械比赛和交流活动，并与黄浦区五里桥街道联合组团参加历年的全国性老年人太极拳的比赛和交流活动。

“苦尽甘来”的功效

对于广大中老年朋友练武，纪老师经常鼓励说，应该要“老有所乐，健康快乐最重要”，但安全第一不能忘记。在纪老师这里训练的学员，也有一部分学员对太极拳有浓厚兴趣，平时刻苦训练，技术水平不断提高，渴望在全国大赛中取得好成绩，纪老师和他的教练团队也都给予热情支持，为他们创造进一步提高的条件和机会。

当然“如果要在比赛中取得好成绩，刻苦训练就更加需要！”纪老师对此深有体会。他常说，练武就是练“苦功”。功夫不负有心人，苦尽甘来，就会带来好运，带来健康和快乐。他是属于大器晚成的，在17岁时跟随文庙的汪志良老师学武，就此对武术着了迷。1958年，他在地处杨浦区的上海机修总厂当工人“三班倒”，每次晚班后就赶到上海中华武术会练武，他个子矮小，武术动作很灵活，师父非常喜欢他。由于他不畏艰苦，勤奋好学，武艺日益增长。1960年10月30日，《新民晚报》第三版报道上海市第三届运动会武术比赛时，有这样一段描述："杨浦区青年运动员纪光宇与冯如龙都是后起之秀，纪光宇自选查刀动作难度大，创造了空中转体动作，刀法明确，勇敢活泼，获短兵（器械）单项亚军……”后来，他进入上海市武术队继续深造。结合年轻时练武经历，如今训练中老年学员时，显然不能与训练年轻人一样要求，他要求学员在安全的前提下，尽可能注意手、眼、身法和步法的协调配合，苦练基本功，以后练起套路来，就会得心应手。在上课时，纪老师一边示范、一边启发学员，要注重太极拳动作的规范，做到“柔中寓刚、刚柔相济”。

严师才能出高徒。对此，学员薛红梅和陆熙深有体会：上课时，纪老师很严肃，传授武术非常认真，开始有点怕他，以后熟悉了，就感到他的真心和热心，纪老师从不放过练武的细小动作，如蹬脚时要停留五秒钟，以显示腿部的力量。他把每个动作的要领讲得清清楚楚，直至学员领悟、动作做到位才满意。66岁的吴先生基础较差，动作不规范，纪老师非常耐心，一遍又一遍示范，一个又一个动作纠错，一直到吴先生做好为止。

辛勤耕耘结硕果：纪老师和他的教练团队带队连续参加了十二届由中国老年人体育协会组织的全国老年人太极拳（剑）比赛和交流活动，共荣获25个第一名、10个金奖、102个一等奖和优胜奖，多次荣获大会颁发的体育道德风尚奖，展示了上海老年人的精神风采，为上海赢得了荣誉。

“黄埔军校”在纪老师的带领下，“教练团队”也多次获得上海市体育局颁发的各类先进奖状。

面对各种荣誉，纪光宇看得很淡，但对于“黄埔军校”的将来考虑更多了。静下心来，他开始考虑起“黄埔军校”的接班人，需要开拓创新的人选担任。他感到自己毕竟年龄大了，精力和体力都不如以前，武术委员会的工作“接力棒”该交给比自己年轻的同志，这是他的胸襟，更是社会责任和神圣使命！

（2016年1月5日）

冯如龙：南拳冠军如今教太极

在传授武艺中增添快乐

著名武术家冯如龙老师已过古稀之年，却仍保持深厚的武术功底，尽心培养新一代传统武术继承人。他演练的杨式太极拳舒展简洁，结构严谨，身法中正，动作和顺，含蓄内敛。为了更广泛传播太极拳文化，他主编并演示了杨式太极拳系列（内含拳剑刀）（CRC），让人们学练太极更容易。

在黄浦市民健身中心，总能见到冯如龙老师悉心传授中老年人练习太极的情景。“冯老师对我们像家里人一样，一点也没有名人的架子，不仅肯教，而且不厌其烦，和蔼可亲。”70岁的学员金金娣感激之情溢于言表。她已在老体协组织的武术培训班10多年了，对此很有感慨：“冯老师患有脚疾，但从来没有缺过课，只要能走路，总是准时到达。他经常延长时间传授武艺，精益求精，以期我们练得更好！”68岁的学员李金妹也很有体会：“冯老师上课，讲述生动。练太极确实好处多，如今我外出旅游爬山越岭气不喘，我非常感激冯老师教学上对我们严格要求！”

冯如龙老师不仅培养了众多的中国武术人才，还倾心传授国际友人武艺，乐此不疲，以此为乐。他曾为日本东京学生吉田武史和意大利学生安杰罗传授中国南拳，前者获日本武术比赛南拳冠军，后者获上海市国际武术博览会南拳冠军。2016年10月9日，上海市老体协武术专业委员会应日方邀请，由著名武术家冯如龙率领上海老年人太极代表团，赴日本大阪参加中日太极拳交流大会。对于冯如龙老师来说，这是“旧地重游”。为了发展并弘扬中国传统武术文化，冯如龙老师曾于1982年随上海武术代表团访问日本，表演中国武术，获得一片赞誉。之后的10余年间，冯老师多次访问日本东京、大阪等地的武术协会，他言传身教，生动演练少林拳、太极拳和太极剑，深受日本武术爱好者喜爱，加深了国际友人对中华武术文化的了解，为传播中国传统武术走向世界作出了贡献。他经常说，武术源于中国，属于世界，不分国界，各国武术爱好者都可以习武，不仅可以强身健体、陶冶情操和交流思想，还可以享受武术运动带来的快乐。一举多得，何乐不为！

师徒胜于父子

冯如龙的武术缘，起于武术爱好。小时候，他喜欢看武侠小说、连环画以及武打的戏剧，更羡慕历史人物中的英雄好汉。缘分常会光顾有心人！当时，中华武术会的冯祥瑞和郑启亨老师每天清晨上班都会经过他就读的小学操场，看到他演练武功。心知肚明的冯祥瑞老师见他着迷武术的情景，便问：“小朋友，喜不喜欢学武术？”“我喜欢练武术！”刚满10岁的冯如龙喜出望外，梦寐以求的愿望实现了。冯祥瑞收下他作徒弟，首先告诫练武不能打人，欺负同学。冯如龙先从十路弹腿学起，紧接着练四路查拳，冯祥瑞每个动作手把手教，做示范、讲用法，还不时鼓励，引导贪玩易动的冯如龙。有一次，早晨他没有去，细心的冯祥瑞老师就到他家里楼下喊他小名：“小龙！为什么不来练武术呀？”贪睡的小孩每天四五点钟起来练武难免要偷懒，不料师父亲自叫上门，冯如龙感到十分难为情。不收分文学费，悉心教徒弟练武，让小龙非常感动，以后他再也没有逃过练武课。严寒酷暑不间断，冯如龙的武术技艺也有了明显提高。冯祥瑞把他擅长的北派武术查拳套路传授于他，郑启亨也毫无保留地把精通的南派武术广东南拳、猛虎擒羊、双掌入门、武松脱拷传授于他。饮水思源，对于恩师的悉心栽培，冯如龙至今记忆犹新。冯如龙说："冯祥瑞老师平时对我总是嘘寒问暖，无微不至。他经常带我外出表演，一方面锻炼我的武技和上场经验，另一方面也能学习其他各门派的拳种特长。一次，在上海市体育宫周末武术表演会上，当时广播里介绍我与冯祥瑞老师表演抓打对练，我心里很紧张，我是小字辈。场上你来我往一招一式，踢打摔拿招招紧凑逼真。观众议论我们是父子对练，其实我与冯祥瑞老师关系不是父子，胜于父子！"

为市民武术节奔忙

冯如龙老师是我国著名武术家，国家级武术裁判，武术八段，浙江余姚人，曾先后担任上海体育宫武术教练、上海市体育运动技术学院武术教练、上海市武术院武术教练、武术研究室主任、上海中华武术会会长、上海市老体协武术委员会副主任等职。

2016年第二届市民运动会开始以来，年逾古稀的冯如龙宝刀未老，仍然在老体协武术委员会和中华武术会之间奔忙。老体协需要他传授杨式太极拳和太极剑等，而中华武术会也要他组建一支武术队伍，在市民运动会武术节开幕式上进行武术展示活动。尽管他身患脚疾，仍然克服困难，几乎每个星期三上午总会出现在中华武术会尚武楼内，策划、组织和培训练武队伍。第二天上午，他又从浦东住所赶往黄浦卢湾体育馆，训练他的一支太极拳械队伍。

孙中山先生曾赞誉中华武术乃革命基础，欣然挥毫为"上海中华武术会"题署"尚武楼"三个大字，中华武术会由此声名远播。新中国成立后，上海中华武术会郑启亨、冯祥瑞等著名教练曾为祖国培养了一大批武术人才，在全国和上海市武术比赛中均取得优异成绩。"我不能辜负郑启亨、冯祥瑞两位老师的殷切期望，要为振兴中华武术事业作出新贡献！"

在市民武术节开幕式上，冯如龙原先安排单人和双人表演“十八般武艺”，训练也有条不紊，可是由于外滩展示整体布局需要，由单练武术套路改为集体套路，最后确定集体演练中华武术会传统项目中的“基础拳”黑虎拳，这需要组建250多人团练。冯如龙老师和原中华武术会副会长周凯伟老师等人一起，不顾年迈，夏日里挥汗如雨，严格训练队伍，终于水到渠成。

2016年6月18日上午，上海市第二届市民运动会武术节开幕式在上海外滩隆重举行，3 000余人组成的庞大队伍在悦耳的音乐声中翩翩起“武”。在众多太极拳、太极剑、太极扇等较为缓慢的武术项目展示中，有一支258人组成、威风凛凛的黑虎拳团队，打出的拳术虎虎生威、铿锵有力，别有风味。

“黑虎拳”源于南拳拳种，众多武术爱好者演练时刚劲有力的动作，气吞山河的发声，给人以“雄伟、振奋、威武、向上”的感觉。望着演练者规范的武术动作，现场武术总指挥冯如龙露出了会心的笑容，他不由想起了自己练武表演获奖的情景……

在与名家“交手”中吸取“养料”

1960年10月下旬，在“市运会”武术比赛中，青年运动员冯如龙作为后起之秀，演练“追风刀”动作清楚，“跳门槛”“跳叉”等动作完成很好。这是著名武术家王子平女儿王菊蓉（武术名家）当时对冯如龙的评价。1963年5月11日，在上海市体育宫武术对练套路表演会上，他与“中原大侠”王效荣表演“三节棍进枪”，与武术名家蔡鸿祥、青年运动员纪光宇一起表演“二龙戏珠”，与纪光宇演练“盾牌进枪”，龙腾虎跃，精彩纷呈，赢得观众一片掌声和行家好评。在与名家“交手”表演中，聪明好学的冯如龙从中吸取武术“养料”不断提高武艺。他在练武过程中还敢于创新，善于研究新动作，以新求胜。

冯如龙入选上海市武术队后，分别荣获1960年全国武术运动会表演项目一等奖、1963年全国武术锦标赛南拳项目冠军、1963年上海市武术分组冠军赛成年男子组全能季军和南拳、枪术、棍术单项冠军、武术传统项目单项亚军、刀术单项季军、1964年全国19单位武术暨射箭锦标赛南拳项目及武术传统项目亚军，并于1963年至1965年间连续三年荣获上海市“五好”运动员光荣称号。

冯如龙老师对中国传统武术非常热爱。早在20世纪七八十年代，他即潜心钻研武学，在武术教学之余，收集整理了一大批传统武术项目和武术文献，对中国传统武术太极拳、南拳、枪术、棍术等理论和实践方面有着独到的认识和创新，不断在各报刊上发表论文，阐述新观点，在武术界有着广泛的影响力。

20世纪90年代初，冯如龙老师曾担任众多大型武术比赛的裁判长，并培养及造就了许多中国传统武术继承人。进入新世纪，冯如龙先生更多地参与到国际武术交流中，分别担任了2007第五届香港国际武术节裁判、2008第六届香港国际武术节套路裁判长、2009第七届香港国际武术节裁判工作，获得各界人士广泛好评。2008年时值中国举办奥运盛典，冯如龙先生带队参加由市体育局主办的“庆奥运、迎世博”上海市市民武术交流评奖赛。

今年76岁的冯如龙老师如老黄牛一般继续在武坛上默默耕耘。有人曾问他何必这么操心呢？冯如龙老师回答掷地有声：“我从小喜欢武术，以练武和传授武术为乐事，为之奋斗了几十年，我愿意一直走下去，为中国武术进一步走向世界尽绵薄之力！”

（2017年3月31日）

张福云：曾参与“中美武术外交”

决赛获奖来之不易

第一次带业余选手上全运会的上海太极拳队教练张福云接受媒体记者采访时说：“这次参加全运会，陈、杨、孙、吴、武，五大流派都有选手，如果抓住这批骨干，滚雪球一般，借全运会的东风，群众的太极拳运动一定可以得到更好推广。”

荣获本届全运会孙式太极拳冠军的上海队冯金瑞接受记者采访时，谈起他的教练“幕后英雄”张福云时说：“张福云老师是别人无法复制的教练员，我从他身上学到了很多很多，他是年轻教练员学习的榜样！没有他的影响，我是拿不到冠军的！”

第十三届全国运动会群众比赛暨2017年太极拳项目决赛于7月7日起在天津举行。来自全国各地29支代表队120名运动员参赛。7月8日晚，上海太极拳队冯金瑞在全运会群众比赛男子孙式太极拳决赛中以9.34分的绝对优势夺得金牌。上海太极拳队单学珍获女子陈式太极拳第五名，队友陆熙获24式太极拳第八名。荣誉来之不易，张福云教练为此付出许多的心血！

国家体育总局决定在本届全运会上新增19项群众体育项目，群众广泛开展的太极拳是其中一项。上海太极拳队经过四次选拔确定6女4男共10名运动员参加4月26日在广州的预赛。当时面临时间紧、任务重的严峻情况：上海组建队伍时，由于选拔人选中没有女子武式、孙式太极拳，临时决定周益红、王丽两名选手改练武式、孙式太极拳，从决定改项到参赛前只有18天的时间，风险不言而喻。由于这次比赛项目有陈、杨、孙、武、吴五大不同流派及24式太极拳六个项目，为了能在短时间内迅速提高，张福云教练很快制定了应急训练方案，他和梅文源两位教练采用有分有合的训练模式，从早上8时到晚上9时，队员分批分时进行个别细化练习。别看张福云教练平时风趣幽默，可是到了训练场上可严呢！他帮助队员一个个纠正动作，一丝不苟，达不到标准，决不放过！“有时我真不想再做了！可是张教练还是不放过我，让我反复做，直到动作完全正确才放我过关！”有位队员悄声地说：“我们私底下都称他为张魔头！”可是，第二天一早，吃早餐时，他会逐个问队员手脚肌肉酸疼程度，并根据每个人的情况调整训练强度。队伍从4月10日开始集中进行封闭式训练。在短短两周的集训期间，队员们都非常积极，努力训练。有时由于场地紧张，训练课只能在酒店的走道里或训练房外面的水泥地上，他们自觉加班加点，队员们大腿的肌肉酸痛，从集训第二天开始就没有间断过。然而，他们怀着强烈的“我要拼搏”愿望，终于攻克了一个个太极拳技艺难关。“我们轮番训练还可以有休息时间，可是教练就没有休息了，他俩要轮番对我们进行指导并纠正动作，他俩辛苦程度就可想而知了！”队员陆熙感慨地说。精细化教学，加上队员勤奋好学，达到明显效果。“我们取得很大进步，离不开张福云和梅文源老师言传身教，悉心指导！”这是10名队员集训后的深切感受。封闭式训练很快结束了，迎来了考验队员实力和检验教学成果的时刻——

第十三届全运会群众比赛暨2017年太极拳健康工程系列活动太极拳公开赛（广州赛区）于4月26日举行。上海太极拳队10名运动员参加10个男、女太极拳项目比赛，经过一天的激烈角逐、强强对决，上海队员们顽强拼搏，共获得2金1银3铜的好成绩，其中冯金瑞获D组男子孙式第一名，陆熙获D组女子24式第一名，单学珍获D组女子陈式第二名，成功地进入今年7月在天津举行的全运会总决赛。广州赛事中，上海队还荣获全运会武德风尚奖。

赛场下，上海队10名队员相拥而泣，辛勤汗水换来的成功来之不易。大家都非常珍惜这次入选参加全运会预赛的机会，在张福云和梅文源的教练下，通过近两周的系统化、科学化、正规化集训，队员们不仅在武术（太极拳）理论和技能上得到了质的飞跃，而且全队的精神面貌焕然一新，广州初赛圆满结束，但队友结下深厚的友情还在延伸！

父亲的武术梦儿子圆

5月6日，2017年上海市青少年武术锦标赛在虹口区精武体育馆举行。仲裁席上，张福云望着赛场上小运动员“龙腾虎跃”的情景，不由得想起自己小时候练武的场景……

1958年8月26日是张福云至今难忘的日子，平时一直喜欢武术的父亲带着心爱的12岁独生子，来到外滩绿化地带拜见一位山东来沪的陈立德老师学武术。刚退休的父亲是想自己的武术梦由儿子来实现。张福云当时学武术，练的第一个套路是黑虎拳。经过9个月的艰苦训练，张福云于1959年5月首次参加上海市青少年武术比赛，他演练双刀获得单项第3名，《新民晚报》当年刊有他获奖的报道。这次获奖，极大提高了小张的学武兴趣，他的父亲更为高兴，宝贝儿子为父亲争了一口气。1959年下半年，张福云参加了市体育宫章海深老师组织的武术集训队，这支队伍共有18名来自全市的优秀青少年武术选手。1960年4月18日，张福云正式入选上海市武术队，可以说是真正吃上“武术饭”了。从这一天起至今，张福云经历了整整57年的竞技武术生涯，竞技场上运动员、教练员、裁判员三个角色他都深入其中、感悟颇丰。他感叹地跟我说：“我这辈子从少年直到今天古稀之年，已经深深地与竞技武术结下了不解之缘，竞技场上的甜酸苦辣，以及竞技场上的刺激、残酷、激烈给了我太多的感受！”

令人难忘的是，张福云作为上海武术队员参加1974年全国武术锦标赛，他的长拳与剑术单项获得第二名，当时的国家体委武术处处长毛伯浩在赛后的教练、领队会议上，特别对上海队张福云的演练给予“高屋建瓴”的评价。这个高度评价，给予张福云极大的鼓舞与信心。而在此前，张福云对自己的演练风格一直是存疑的。

2015年年底，步入“古稀之年”的张福云重游美国夏威夷时，他感慨人生如梭，1974年时他还没有到“而立之年”，那时他随着中国武术代表团首次开展访美活动，这是继中美“乒乓外交”之后中国重要的一项外事活动。

当时在全国各省市调集了很多优秀运动员，在北京集训了整整半年，经过四次严格审查，最后确定了33名运动员和教练、加上工作人员共45人组成中国武术代表团访问美国，其中上海队出访人员是教练邵善康，运动员张福云、何伟琪、郭佩、俞吉元。为期一个月的中国武术代表团访美表演场场座无虚席，在美国夏威夷、旧金山、纽约、华盛顿四座城市，中国武术表演引起了很大的轰动。张福云每次表演项目最多，共有六项，有单人表演的“刀里夹鞭”、他与何伟琪对练的“双匕首进枪”、与俞吉元的“盾牌刀进枪”、“三节棍进棍”、集体武术基本功和集体“长穗剑”。当时访美代表团有3个小运动员，其中12岁的李连杰后来成为国际武打巨星。在华盛顿白宫表演时，美国国务卿基辛格博士与其他官员全程观看精彩的中华武术，特别是武术对打项目，“真刀真枪”地干，令人眼花缭乱，让美国人十分惊叹。在白宫草坪上，美国总统尼克松与基辛格博士接见了全体访美代表团人员并一起合影。

之前，美国民众对中国武术的理解，就是以香港影星李小龙为代表的“中国功夫”，印象就是李小龙功夫片里的武术，因此在美国的许多大学和中学里挂着李小龙的巨幅画像。而通过中国武术代表团访美活动，他们看到了中国武术还有漂亮、健美的一方面，更有博大精深的感觉，让他们感到惊奇和叹服！

在运动员生涯中，张福云随中国武术代表团出访美、欧、澳、非、亚五大洲15个国家，他始终把国家的荣誉放在首位；打开世界这扇窗，同时也让他大开眼界，得益匪浅。

重振上海武术雄风

竞技体育中的竞技武术，可谓“刀光剑影”，张福云始终处于高度紧张却富有挑战性、可以体现自我价值的竞技状态。他具有57年从事竞技武术工作的经历：16年的武术运动员、41年的武术教练（其中23年同时担任裁判工作），可谓是久经沙场的老将！但他深知，学无止境，一定要与时俱进，才会在激烈的竞技场上不被淘汰！

1976年是张福云从事竞技武术工作的转折点，他从运动员转为上海队教练，至今已有41年，先后担任上海武术队教练、总教练，马来西亚国家队主教练、总教练，新加坡国家队主教练，中国水电体协主教练，上海师范大学武术队教练以及今年上海市群众体育备战13届全运会太极拳队教练。他执教的武术队共获得三项亚运会冠军、三项全运会冠军、六项世界锦标赛冠军，可谓硕果累累！在这41年的教练生涯中，他特别有成就感的是，1994年任上海队总教练备战第八届全运会及1998年任马来西亚国家队主教练、总教练（前后共7年）。

在长期的竞技体育工作中，张福云深刻认识到：要带好一支运动队，在赛场上争金夺银，最主要的是选好教练。教练在运动员队伍中起主导作用，包括选才（运动员）、训练方法、手段、训练理念、队伍管理、思想教育、心理辅导，都在教练工作范围，没有一个好的教练，就不可能有一支优秀的运动员队伍。而一个优秀的教练，除了具备高水平的专业技术、人格素养，更需要有强烈的事业心、责任性，不断进取，不断学习，不断完善自己。因为竞技体育不仅是一项体育，更是一门不断发展、需要不断探索的科学学科。几十年的教练经历，也是张福云不断学习、不断完善的过程。“我感觉自己在竞技武术领域里还有很多未知数，需要破解，就必须不断更新知识，敢于开拓创新。当教练最忌讳的是固步自封、不思进取。”张福云深有体会地说。

上海队在1994年是处于最为低谷的乙级队，张福云“临危受命”，被聘为上海队总教练，接任第一年队伍进行全封闭训练不参赛，第二年获得乙级队男、女团体冠军晋升进甲级队，第三年荣获甲级队女子团体第一，男子团体第二，第四年在第八届全运会夺取2金3银2铜总分123分的优异成绩。此成绩的取得，主要是上海队齐心协力，努力拼搏，各级领导关心与重视以及4年总体规划得当的结果。在这几年中，上海队重视训练手段的创新，重视套路编排的优化，重视群策群力的团队精神，重视队伍的严格管理，重视与外界的协调合作交流，从而产生“叠加”效果，打了一场漂亮的翻身仗！值得一提的是，当时上海武术队在市体委主任金永昌、运动技术学校领导洪元长和上海武术院领导王肇基、洪传芳等带领下，艰苦训练，敢于创新，取得前所未有的佳绩。

之所以八运会上海队与马来西亚队取得佳绩，是因为还有一个重要因素，就是在张福云任教期间，上级领导给了他充分的自主权：包括选调运动员、辞退运动员的人事权，训练计划的执行、训练时间安排、外出交流学习安排运动员、赏罚处理、参赛队员人选等等。张福云始终认为：“教练必须要有职有权，这样才能使教练的施教方针、理念、方法得以有效实施。有权才有威，有威才能带好队伍。当然，如果给了权，出不了成绩，那就说明自己无能，就该下岗、换人。”

“我在地处杨浦区的上海体育学院训练时，整整一年，上海队总教练张福云老师每周都会从徐汇区梅陇训练基地过来，他悉心指导并提出改进意见，对我帮助很大！”曾获世界武术锦标赛剑术和对练冠军、如今在复旦大学任武术教师的韦剑记忆犹新。在南京举行的第十届全运会上，韦剑力挫群雄，荣获剑术、枪术全能冠军。

如今已是上海武术院高级教练员的杨荣宽对张福云更是赞不绝

口:“他是我1976年进专业队训练的第一位教练，为人很正直，教练非常认真。当时他新婚燕尔，却带领我们没日没夜地训练，课程安排很满，非常敬业！”

1998年，张福云应马来西亚武术总会邀请，任马来西亚国家队主教练和总教练，在马来西亚任教前后共七年，是张福云41年任教生涯中心情是最为舒畅的。“整个队伍的管理，训练以及队员的选调，参赛名单的确定，国家体育理事会、大马武术总会都给予教练绝对的尊重。”张福云兴奋地跟我说。

“最厉害的加减分裁判长”

在23年的裁判生涯中，张福云是全国武术比赛出了名的“最厉害的加减分裁判长”。需要说明的是，那些年武术比赛中，总裁判长统控全局，而裁判长就有临场加减分调分的权力，可谓“实权派”。

当时，张福云担任各项武术大赛裁判长，印象最深的是：在太原举行的1992年全国比赛中，他把天津队郎荣标的南拳从第五名加到第二名（加了0.04分），从那次以后郎荣标的南拳一直稳居全国前两名；另一次是1995年在南京举行的全国比赛中，他发现吉林队的男子太极拳选手第二名的得分有水分就果断减分；还有一次是在第七届全运会上，他给辽宁队的刘青华剑术加了0.02分，比赛下来后，蔡龙云老师对张福云说了一句话:“你这个加分合理不合情”（不合情的意思是，在这么激烈、顶尖的赛事中加了分，对被加分的竞争对手心情上会受到伤害）。因为这届全运会竞争最激烈、水平最高的是女子长拳全能选手（拳、短兵、长兵器械三项相加），而当时有四位全国顶尖高手争夺这块金牌（刘青华是其中的一位）。蔡龙云老师的话对张福云印象特别深，裁判时一定要保持清醒的头脑。在20多年的裁判生涯中，张福云始终抱着一个明确宗旨，一定要给运动员一个公正的评判，神圣职责所在。“也许是我的个性使然，也可能是我当了10多年的运动员，更了解运动员在武术比赛场上辛勤的付出，更加需要公正的回报！我当时就有一种豁出去的感觉！”张福云对此深有体会。殊不知，裁判权力越大，张福云承受的压力就越大，工作责任心越要强，任何时候都要坚持“公平公正”的裁判原则。

张福云从1979年参加第四届全运会裁判工作至2003年，先后担任亚运会、东运会、全运会、市运会的裁判、裁判长、总裁判长并获得国家体委颁发的1990年至1993年国家优秀裁判员嘉奖。

在“刀光剑影”（竞技武术）的背后，隐藏着太多的艰辛和酸甜苦辣！老骥伏枥，志在千里。作为赛场老将的张福云，一位奋斗了大半辈子的武术工作者，仍在为中国武术运动发展事业继续添砖加瓦！

（2017年8月31日）

何君岗：华拳高手擎奥运火炬

在每周六精武传统武术研究中心活动中，总能见到一位俊朗的武者，他的武术动作精准到位，融激情于动作之中，刀枪剑棍样样精通，传授武艺一丝不苟，他就是获得“精武之家”荣誉称号的中国武术八段、国家级裁判、高级教练何君岗老师。

3月18日周六上午，在精武演武大厅，何君岗老师演示了最近新编的自选套路，整套武术动作跌宕起伏，融挺拔俊逸、骨清肌健的华拳与陈、杨、吴、武、孙等各式太极拳种于一体，让人欣赏到了精美的综合武艺。作为上海精武体育总会代表团成员，何老师带着他的新编武术套路，将于4月中下旬赴美国纽约，参加2017年联合国武术系列展演活动。

每次精武活动，何老师都要清晨从闵行春都路住地乘上公交车，再换乘两列地铁到精武会，单程就要耗时2个小时。让他深切牵挂的是，50多年以来那份割不断、情更浓的精武情结。

“精武精神发扬光大，精武武术传承与创新，是我毕生开展的事业！”何君岗老师接受媒体记者采访时动情地说。

“精武之家”熏陶结出硕果

何君岗自幼习武，师从其父、著名武术家何金章。20世纪五六十年代，何金章、蔡龙云、蔡鸿祥并称为“武坛三杰”。三人同出自于我国近现代武术大师蔡桂勤的门下。三人都与上海精武体育会有着不解之缘。如今“武坛三杰”均已作古，但他们未竟的事业后继有人，其中“武坛三杰”之一何金章的儿子何君岗子承父业，传承与弘扬武术文化和精武精神，悉心培养了他的女儿何燕，成为国家武术一级运动员、一级裁判，而且把中华武术传播于海外。

回想当年，每次何金章外出表演，总要带着3岁的儿子何君岗一起到现场，耳濡目染，培养他对武术的兴趣。何君岗不满6岁就随父学武艺，他打拳时刻苦用心、悟性极高，在其父亲何金章的悉心指导和严格要求下，练就一身扎实的武术基本功。1960年，年仅8岁的何君岗进入上海精武体育会，受著名武术家蔡龙云、蔡鸿祥等前辈的精心培养，成为华拳门嫡派传人，深得华拳精髓。

青少年时期的何君岗精研华拳、少林拳、查拳和太极拳等武术套路和各种单双传统器械及对练、健身气功要旨精髓。各类器械更是样样精通。除此之外，螳螂拳、八极拳、形意拳、醉拳、八卦掌、南拳、鹰爪拳、翻子拳等拳术，他也都有涉猎。年轻时的何君岗尤其擅长于跳跃动作，腾空跃起时一刹那，其滞空能力令人惊叹，落地时的造型动作潇洒飘逸，令人赞叹。难度较高的国家规定套路，在他的演绎下，打得气吞山河。一忽儿如猛虎扑食、一忽儿如雄鹰展翅，足见他的基本功之扎实、武艺之高强。当时，在精武体育会练功场或外滩公园草坪上、各类武术表演场合都有何君岗那矫健的身影。在同时代练武者中，他是出类拔萃的一位。

草棚里栽培“武术健将”

“练武的人永远都不会服输的！”何君岗老师的话掷地有声。

好胜心强，不畏艰难，使他在以后的学武教武和研究武学之路上有了长足的进步。

“文革”期间，其父亲何金章老先生受迫害致死。何君岗强忍悲痛，于1970年来到安徽淮北插队务农。即使在那艰苦岁月里，居住在农村草棚里，何君岗始终不忘初心，把简陋的篮球场当作练武场地，坚持刻苦训练。他不仅自己练武，还带动了一批矿区职工子女学习武术，每天早晨5时多就开始练武，一天安排四次训练，练好扎实的武术基本功，并进行武术套路传授。随着“文革”结束、百业待兴，武术运动迎来了百花争艳的新天地。1975年开始，何君岗先生正式担任安徽省淮北市体委首任武术队主教练，以后又出任安徽省武术队教练。1977年以后，何君岗多次担任安徽省长拳和太极拳教练员培训班的教学工作。

当时在条件极差、几乎一切为零的情况下，他为地方培养了一大批武术优秀人才。一路走来，也是何君岗先生在武术职业化生涯中不断提升和完善自我的历程。“何老师是属于严师慈父型的，对于我们矿区子弟关爱有加！”曾经在何君岗老师传授武艺下成长，如今是上海正达外国语小学体育老师的许斌对此深有体会。当时，何君岗见这批贫困学生天天练武辛苦，吃的却是冷饭冷菜（光是一点蔬菜），也没有营养，何君岗则不仅帮他们热饭菜，还把自己省吃俭用的钱买了鸡鸭熬汤，并买了麦乳精，让学生补充营养和能量。在何老师言传身教下，经过8个月的艰苦训练，许斌考入安徽省武术队，以后又进上海体育学院深造。1988年他获得国家武英级运动员（健将级），曾多次在上海和全国武术锦标赛中获得好成绩。何君岗老师精心培养的优秀学生又何止许斌一个，如今已成为上海体育学院武术学院教师的范燕美和瑞士国家队武术教练的荣军（曾经在何君岗老师辅导下考入北京体育大学），曾获得世界太极拳比赛青少年组冠军的姜义龙和获得全国南拳冠军的谢维维等人，他们对何君岗教练当年悉心传授武艺和做人的高尚品行都赞不绝口。

几十年来，何君岗孜孜不倦，言传身教，培养学生无数，在武术教学领域名声显赫。何君岗如今已是桃李满天下：培养弟子4 000余名，指导武术套路和太极拳及健身气功爱好者4万余名，其中武英级运动员（健将级）数十人；向北京体育大学、上海体育学院、武汉体院、沈阳体院、成都体院、西安体院、中国矿业大学、苏州大学、上海中医药大学、安徽省武术队、上海市武术队、解放军总政艺术学院、安徽省体校、安徽省艺校、广东深圳市武术队以及军警部队、国外输送优秀运动员、教练员200余名。他所率领的武术团队数十次在国内外各类武术比赛中获得团体或单项金、银、铜牌1 000余枚。何君岗先生本人也多次被记功、记大功、嘉奖、晋级。鉴于其在武术教学领域做出的突出贡献，有关部门授予何君岗20余次省、市优秀共产党员、先进工作者、省十佳优秀社会体育指导员等荣誉称号。他还曾担任安徽省第六届政协委员。

2000年“全国武术锦标赛”和2001年“第一届国际太极拳比赛”，何先生受聘担任主裁判，中央电视台对比赛实况转播。2008年中央电视台12频道“名家名拳”栏目和山东卫视台（2004年）“中华武术名拳名家”栏目为其制作专题片播出。淮北电视台多次播出何先生专题报道。人民体育出版社为其录制《华拳系列》11部教学光盘，列入“中华武术展现工程”出版发行。何先生还多次担任省市级大型运动会开幕式和各类晚会武术表演编导。

研究武学不停步

尤其让何君岗老师难以忘怀的是，他当年作为北京奥运会安徽省的火炬手，在传递过程中，他深切感受到奥运激情，激励着他以后在续写精武篇章时不辍添砖加瓦。

学习百家之专长、修炼百家之精华，是他永远不变的习武宗旨。用他的话来说：“学习永无止境、练武永不停息。”进入壮年以后，在原有的扎实武术功底基础下，何君岗老师对各式太极拳及其他拳种开始悉心钻研，深入探究。他多次利用全国比赛、教练员培训、段位制晋升会议、学习交流等机会，深入探访太极名师名家，虚心讨教。20世纪70年代后期以来，他曾向杨振铎老师学习杨式太极拳，向齐德昭老师学习八极拳，向张继修老师学习孙式太极拳，向李秉慈老师学习吴式太极拳，向乔松茂老师学习武式太极拳，向阚桂香、陈小旺老师学习陈式太极拳等等，得益匪浅。有时为了一个动作、一个步法、甚至一个手势，他都要搞清楚，并掌握其中要领。他的好学与钻劲是出了名的，也感动了不少名师高手。如今何君岗对各式太极拳修炼成熟，尤其擅长杨式太极拳和陈式太极拳。他经常强调，各式太极拳都有各自的特点，无论练习哪一式的太极拳，都不能是照葫芦画瓢般的形似，而要有一种深入骨髓般的神似，才能真正学好太极拳。

记得当年，蔡龙云教授到安徽去看望何君岗时（自何金章老先生“文革”受迫害致死后，蔡龙云老先生一直对何君岗给予了慈父般的关怀），看了他的套路演练，蔡老不住地称赞何君岗的功底扎实、各路拳术的动作精准到位，同时也给予其热心的指教，使得何君岗受益很多。

精武情结更浓

2012年，何君岗先生正式退休，同年回沪定居，并重返上海精武体育总会。他多次表达自己的心声：年少时在精武练习武术到年老时再回精武会，这是自己最好的归宿。何君岗老师表示，要继续发扬“爱国、修身、正义、助人”的精武精神！正是这种精神始终鼓舞并激励着他的斗志，永远保持一颗拳拳的爱国、爱武之心！

2015年底，蔡龙云老先生不幸去世，追悼会过后，何君岗应山东省济宁市武协邀请，赴济宁（蔡龙云的故乡）考察。考察中所见所闻，让何君岗深切感受到，德高望重的一代宗师对我国武术事业的卓越贡献。回来后，何君岗深感责任重大，决心要将蔡老未竟的武术发展事业继承下去，尤其要将凝聚蔡老毕生心血的华拳习练好和传承好。他表示：将与武术泰斗蔡龙云之子蔡纲一起，把华拳系列丛书《从徒手到器械》用心编好，并积极开展华拳申报非物质文化遗产的工作，以实际功绩，来告慰蔡老先生的在天之灵。另外，何君岗在《穿云剑》（光盘）于2001年人民体育出版社出版发行的基础上，今年将通过半年多的努力，把《穿云剑》编撰成书。

如今，何君岗老师担任精武传统武术研究中心武术专业委员会主任。他表示，将不遗余力，在传承、发扬中华传统武术的工作中发挥自己的力量。

何君岗先生虽已过了花甲之年，但他精神矍铄、身手矫健、气度不凡。其一招一式，仍然不减当年英姿与风采。如今，他仍然活跃在精武会教学、授艺的事业中，无论在上海市民武术节，还是精武各项社会活动中，总能见到他编排武术节目、传授武艺的身影。在精武会，何君岗是一位令人尊敬的武术教练，他正在努力实践自己的诺言：谦虚谨慎，博采众长，不断创新，服务精武；进一步弘扬中华国粹，为精武事业蓬勃发展而尽心、尽责、尽力！

赵庆建：北京奥运武术冠军的心愿

开辟海外教学新天地

近日，中国北京首都体育学院武术与表演学院教师赵庆建在美国加州接受采访时感慨坦言："在我的武术生涯中，攀登世界武术冠军时，曾经忍着剧痛，克服了重重困难；而今又找到了新的人生坐标，在海外建立武术教学实习基地，深入开展交流与教学活动，广泛传播中华武术文化！"

赵庆建早在2018年之前就搭建了中美文化交流的桥梁，他将清华小学武术队、东北师范大学武术队以及国武会馆武术队带入美国，进行武术文化等多方面的交流。今年7月中旬起，赵庆建在加州各武馆进行活动教学和武术交流活动，并在北加州华体会活动中组织武术比赛，并将在洛杉矶举办武术讲座，还将在得克萨斯州等地开展武术交流活动。

实现武术冠军"大满贯"

赵庆建1978年生于山东东平县，自六岁习武，先后进入少林寺表演团和武汉体院武术代表队。毕业后，签约于北京武术队，从此开始了专业武术生涯。而后，他荣获2008年北京奥运会武术比赛刀术、棍术全能冠军，多次蝉联世界武术锦标赛冠军。作为国际级健将、中国武术协会会员、前国家武术队队长以及大型舞台剧《功夫熊猫》武术指导，赵庆建视传承、传播、发扬武术精神为己任，并将中华武术带出了国门，走向世界。

赵庆建对武术极其热爱，少年时就进入少林寺学习武术，勤学苦练中，深感流传千年的中华武术之博大精深。赵庆建在少林寺的六年间，他跟随武术表演团走遍亚洲、欧洲及美洲多个国家，同时激发了他心中的梦想，就是要把武术精神传播到世界各地。

为了更好地学习武术，赵庆建加入了武汉体院武术代表队，开始自己的竞技武术生涯。在武汉体院代表队的四年间，他不断地提升自己的专业知识水平，并积极参与全国各项武术比赛，多次获得冠军，成为全国武术圈的一匹黑马，很快就被“伯乐”、当时的中国武术协会副主席、北京武术队首任总教练吴彬发现，于1999年进入北京武术队训练。随后，他从全国武术锦标赛、全运会、亚锦赛、世锦赛一直到2008年奥运会武术比赛都荣获冠军，实现了“大满贯”！

2001年时，赵庆建得知2008年的奥运会主办国家是中国并将开设武术比赛时，赵庆建热血沸腾，此时不拼搏更待何时?

然而，赵庆建参加完第十届全运会后，由于年龄的不断增长，他感觉自己的身体机能大不如前，甚至几度想要放弃比赛机会，结束职业生涯。但身边的教练、朋友以及领导都在不断鼓励他，给予极大的支持。一番犹豫、挣扎，一股武术精神的力量充盈了他的内心，最终他毅然决定迎战2008年北京奥运会，挑战自我，挑战极限，发扬奥运精神!

欲达更高的武术成就，必然要经受更严峻的考验！奥运训练期间，长时间的超量训练，运动伤痛加上心理压力，使他痛苦不堪！奥运史上主办国第一次有了武术项目的比赛，而作为北京奥运会武术代表队第一个出场的选手，赵庆建压力更大！扬我中华武魂，展我武术新风，更是一种责任。赵庆建扛着身体上的痛苦和精神上的巨大压力，进行千万次的训练，一次比一次更加投入。功夫不负有心人，艰苦训练出硕果，最终在奥运场上他夺得武术冠军！“这是对自己的交代，更是回馈国家，回馈一路上帮助过我的每一个人。”赵庆建如是说。

在全世界传播武术精神

“竞技武术有限，弘扬中华武术无限!”如今赵庆建有了新的人生目标！奥运会结束一年后，他进入高校，成为武术教师，以培养更多的武术运动员和传播武术精神为目的。赵庆建自知，作为北京奥运武术冠军，这沉甸甸的武术使命感今后一刻也不能卸下。“作为武术人、武术文化精神的传播者，我有责任也有义务把中华武术推向世界，让更多人了解中华武术及其武术精神。从这一刻起，我便投身于国内外的武术传播。”赵庆建认准了前进方向，就会勇往直前!

2011年至2012年期间，赵庆建出访美国，2013年又外派至日

本进行了为期两年的学术指导和交流。2014年，他作为武术指导，参与美国大型舞台剧《功夫熊猫》展演。2015年，他接受国际禅武联盟与匈牙利武术协会邀请，赴匈牙利进行武术文化交流，帮助筹备建设匈牙利国家武术队。通过这一系列海外支教、组织赛事等活动进一步推广武术，带着武术走向荧幕，在世界各地演出，为武术世界冠军联盟会开展各种武术公益宣传活动。多年来，他奔走世界各地，致力于将武术带向全世界，希望世界上更多的人能够喜爱武术。

2016年，赵庆建萌生了一个新的推广思路：把中国优秀的武术学生带入美国进行交流，在美国建立长期的武术实习基地。赵庆建认为，这将是一个非常好的交流平台。中国的武术大学生在技术和理论上有较强的能力，而通过交流更是可以促进美国武术教学的规范化和系统化，同时让中国学生了解美国的武术教学模式和美国武术爱好者的想法。想法成熟后，他开始进一步计划。所在学院领导非常支持这个提议，认为这种方式不仅能够使学生的各项能力提高，也能促进学院发展。由于学校对学生的安全问题和吃穿住行等方面都有些担忧，所以他不惜自掏腰包来到美国实地考察，与美国各个武术俱乐部商洽，取得了许多武馆馆长的支持。经过一年时间的多次沟通商榷，终于成功带领第一批学生到美实习交流。其间，赵庆建对多家武馆的武术教练进行了专业教学，教学内容以竞技体育为主，把基本功作为指导重点，旨在从根本上提高教练的专业素养，从而帮助武馆进一步建立、发展更加成熟及专业的武术团队。美国武术实习基地在多方努力支持下，走出了一条海外武术发展的新路。

赵庆建，他满怀着对武术的无限热爱，一颗传播武术精神的心始终如初。他坚信：随着海外武术传播平台的建立与不断完善，一定会促进世界更多的人健康生活！弘扬武术，传承武德，让世界各国人民从武术精神中更加了解自强不息的中国精神！

（2018年9月5日）

涂金盛：秀奇功拖动战斗机

涂金盛和他的“涂家军”

10年之前，由北京电视台、成龙影业、中影集团和香港英皇星艺集团联合举办了“龙的传人”大型电视选拔活动，该活动历时一年多，超7万人参加网上报名，1.2万人参加海选活动，最终由22岁的美籍华人涂圣成夺得“龙的传人”冠军，并有幸成为国际巨星成龙嫡传弟子。如今在美国，他的父亲涂金盛说起他的大儿子涂圣成这段经历，一脸的自豪！涂金盛不仅培养了四个子女成为北美武术比赛的冠军，作为国际气功名师，他在海内外的气功养生教学经历已达40余年，受益者无数。接受媒体记者采访时，集武术、中医和绘画等于一身的涂金盛老师表示：“我要继续传播中华武术和中国优秀文化，不断地造福人类！”他将于3月中旬赴新加坡和马来西亚开展气功养生教学和举办个人画展。

他拖动了飞机……

这是一个令人难忘的日子：2006年11月13日10时30分，在美国洛杉矶棕榈泉飞机博物馆，时年51岁的涂金盛用铁裆功将一架重达八千磅的二战时期使用的战斗机拖动了两米多的距离，成为全球轰动的人物。

涂金盛毕业于台湾师范大学体育系，又是中医硕士。他自幼跟父亲（南少林拳师）和四哥习武，以后又跟台湾师大郭秉道老师练武，他还跟太极宗师吴福庆学习杨式太极拳10余年，勤学苦练，用心琢磨，深刻领会武术精髓。涂金盛对中国功夫的体验理解是三个字：第一是“硬”即硬度，第二是“快”即速度，第三是“巧”即技术。硬度要苦练，不畏重击，不怕打，可以练出深厚的内力和功力；速度需要勤练，不懈怠不偷懒，可以提高心肺功能与爆发力；技术需用头脑，细心求教精研，在实战中学习，可以练出成熟的耐力。

涂金盛子女个个身手矫捷

他自编了一套36式的涂家太极气功，运用气功来打通人的经络和穴位，达到养生与健身之目的。他说：太极拳有三大特色，即发劲、缠丝劲和绵里针（藏招不露），重点是呼吸的深度配合。太极拳最重要的诀窍就是放松，功夫与功力必须苦练，所谓练拳不练功还是一场空。技击要靠苦练熟能生巧，但是功力与内功，要经由刚柔相济，筋、骨、肉强度收缩，以及内脏的坚固强韧，柔软度的训练，最重要是内气的修炼。

涂金盛自身练武和气功养生教学的经历充分诠释了上述的这些武学理论。他的“涂家军”四个子女都是幼年习武，刻苦训练，成为优秀的武术运动员。大儿子涂圣成曾经获得北美多届武术比赛全能冠军，并在《花招》《斗茶》《关门弟子》等多部影视剧中担任主角，涂圣成还曾于2016年在《盗墓笔记》中担任该片武术指导，并饰演“潘子”硬汉角色。他自幼在台湾随父习练中国功夫，琴棋书画兴趣广泛，特别是酷爱成龙等一代功夫明星的影视表演。4年的苦练终得回报，他一口气夺下五块金牌，获得北美武术比赛总冠军，自此一鸣惊人。此后，他更是钻研武学和多种兵器，在美国被称为“兵器之王”。“要练就要比别人厉害，要比别人厉害就要更多地学习练习。”圣成参加过的比赛不计其数，而在他看来，即使包括连续两届世界功夫比赛的总冠军，也只是过程。功夫是基础，比赛是经验，通过自己所学和掌握的真功夫才是最重要的。

坚持修炼出硕果

他们兄妹四人从小便在父亲与爷爷的严厉教导下习武，6岁的时候涂圣成更是被送到山上修行。虽然他长期在美国生活，但涂圣成对中国传统文化却是情有独钟，琴棋书画样样精通，幼时曾师从李连杰学习九节鞭，并在亚洲电视台进行过多次表演。涂金盛的大女儿涂晏榕毕业于圣地亚哥州立大学心理医学系，曾经获得北美武术比赛剑术冠军；二女儿涂晏维毕业于加州伯克利大学，曾经获得北美多届武术比赛全能总冠军，并在国际健力大赛中破世界纪录；涂金盛最小的儿子涂正扬如今在内华达州州立大学医学院就读研究生，曾经获得北美武术比赛总冠军，他除了刀、枪、剑、棍精通之外，更擅长格斗、技击术。一支“涂家军”的成长史，显然离不开涂金盛老师对四个子女长期坚持刻苦训练。武术比赛场上的累累硕果也让他的子女获得了事业上的丰收成果！涂金盛老师深信不疑：武术运动不仅能使人奋进，还可以成为社会生活中的强者！

（2018年7月14日）

傅清泉：三代广传杨氏太极

2018年1月3日，杨式太极拳导师傅清泉刚从日本教学回来，即赴湖南长沙等地教学，于11日返沪。傅清泉接受媒体记者采访时，幽默而动情地说："我是太极拳的儿子，很自然，广泛传播中华太极文化是我应尽的责任和义务！"说起杨式太极拳传人傅钟文、傅声远和傅清泉一家祖孙三代，上海太极拳爱好者几乎无人不知。如今，傅家太极拳教学"接力棒"传至傅清泉手里，他作为精武世家、上海精武体育总会杨式太极拳总教练，于2017年12月9日回"娘家"。在精武学堂，他为全市各区的精武辅导中心57名骨干传授杨式太极拳28势，短短四个半天形象生动的教学，让学员们至今仍记忆犹新。傅清泉老师还利用中午休息时间，赶往精武静安辅导中心上海报业集团辅导站"传经送宝"，悉心向记者、编辑传授太极拳，情景令人感动！

他向"霍元甲"宣誓

傅清泉老师回精武"娘家"最后一天教拳结束后，在精武会底楼，站在爱国武术家、精武会创始人霍元甲铜像前凝视许久，这是他所敬仰的精武先贤。此时，傅清泉默默地宣誓：继承霍元甲遗志，在世界各地更广泛地传播、发扬精武精神和中华武术！

"爱国、修身、正义、助人"的精武精神已在傅清泉心里扎下了根。今年47岁的傅清泉老师，6岁起练武，至今已有41年拳龄。他接受记者采访时说："教练太极拳也会痴迷，就像穿上了红舞鞋，永远停不下来！"傅清泉回到精武会"娘家"教拳后即奔赴东瀛，在东京、横滨、广岛、大阪、福冈、冲绳和北海道等地民众中广泛传授太极拳。20多年以来，傅清泉作为太极文化传播使者，常年奔波在海内外，每年几乎只剩下1个月时间在沪，他有"家"难回！"传播中华武术不分肤色、国界，许多国家和地区的民众有这个需求，我就有责任去教他们，让他们享受太极文化带来的健康与快乐！"傅清泉老师如是说。游子在外倍思亲，即使在海外，他仍然通过互联网了解祖国日新月异的巨变。每次在海外教拳时，他总是穿着胸前印有五星红旗图案的大红运动衫，以表示对祖国的深深思念！他也经常不失时机地对外国人叙述中国的优秀传统文化。

2017年末，冬至来临，傅清泉在日本教拳空隙，祭奠祖父傅钟文和父亲傅声远，他遥望祖国，不禁回忆起了祖父和父亲的练武、教学生涯和传播中华武术的经历。祖父傅钟文系河北永定人，9岁起练习杨式太极拳，14岁到上海后长期跟随一代杨式太极拳宗师杨澄甫学拳。傅钟文早在1936年起就担任上海精武体育总会太极拳（杨式）教练。当时，二十二届国术毕业考试就在上海举行，其中考试项目有太极门初级、中级和高级，盘架子、推手和太极剑，傅钟文作为精武会太极拳老师，义不容辞地担当起培训班教练的责任。1980年起，精武会重振雄风，恢复举办武术、拳击、摔跤、柔道、散打和气功等训练班，这段时间，担任武术散打教师的主要有郝鸿昌、苏锦标、傅声远等20余人。以后，傅声远应澳大利亚太极拳爱好者及有关人士邀请，远渡重洋，在欧、美、澳多国传授杨式太极拳。作为傅家第三代，傅清泉6岁起就跟祖父和父亲学武，接受正规的武术训练。为了弘扬太极拳，他应邀赴世界各国及地区讲学，传授杨式太极拳。

傅家三代人的"太极情"

杨式太极拳是太极拳的一个重要流派，也是流传面最广的太极拳流派。它创自河北永年人杨露禅。杨露禅年轻时拜在河南温县陈家沟陈式太极拳一代宗师陈长兴门下，出师后在京城教拳，并与时俱进创编了杨式太极拳。经其孙杨澄甫进一步完善，于1930年由其传人执笔出版了《太极拳体用全书》，规范成了杨式太极拳的教学范本。即如今人们常说的"85式杨式太极拳传统套路"。该书的出版发行在中国太极拳发展史上举足轻重，它填补了太极拳之前只是师傅口传身教的原始模式，开创了图文并茂的大规模传授方式，使更多的人得以受益。杨澄甫早年在北京教拳，后到南京、上海、杭州、广州等地教学，使杨式太极拳在中国大江南北广泛传播。杨澄甫对杨式太极拳的发展做出了不可磨灭的贡献。由于杨式太极拳姿势开展大方，平正朴实，练法简易，受到群众普遍热爱。

杨澄甫1930年定居上海。傅清泉祖父傅钟文长期跟随杨澄甫学拳。他敬重师父，勤奋刻苦，加之他与杨澄甫的侄外甥女结亲，深得杨澄甫的信任和真传。杨澄甫在广州、南京、芜湖等地授拳时，傅钟文都作现场示范，并代杨澄甫出场比武，连获胜利。杨澄甫1936年去世后，傅钟文继承师志，发扬光大太极拳，提倡民间传统武术以振奋民心。在拳友帮助下，傅钟文于1944年10月1日创建上海“永年太极拳社”。新中国成立后，傅钟文立足上海，全身心地推广杨式太极拳，参加各种有关太极拳的社会活动。1958年，他成为上海市武术队首批教练员之一，为培养杨式太极拳的专业运动员作出了很大贡献，并且带领武术队在全国武术比赛屡获佳绩。1961年，傅钟文为了继承杨澄甫先师精湛的太极拳技术，受人民体育出版社之托编写《杨式太极拳》一书，并于1962年完成。该书由傅钟文演述，由当时上海体育宫（现市武术院）专业教练周元龙老师笔录、绘图，并由中国德高望重的著名武术理论和实践家、时任体育宫主任的顾留馨老师审阅。此书一再重印再版，成为当下杨式太极拳传统套路习练者的经典参考书。傅钟文晚年仍然积极参与太极拳的社会活动，1984年他被评为“全国太极拳十三名家”。1994年以91岁高龄应邀访问美国，受到美国民众热烈欢迎。他还先后赴新加坡、日本、澳大利亚、德国、意大利、瑞士等国访问教学，有力推动了杨式太极拳在世界的传播。1994年9月，傅钟文病逝于上海，享年91岁。

傅清泉父亲傅声远也是一位享誉国内外的太极拳大师。他9岁起随父学拳，助父推广太极拳。新中国成立后，他参加了上海体育干部进修班，成为上海市体校首任武术教练，并到同济、复旦等高校授拳。20世纪80年代，他应澳大利亚太极拳爱好者及有关人士邀请，远渡重洋，在欧、美、澳多国传授杨式太极拳，后定居澳大利亚。1995年，鉴于杨式太极拳在世界范围内的迅速发展，成立50周年的上海“永年太极拳”社已经完成了它的历史使命，傅声远在上海“永年太极拳”社的基础上创建了“世界永年太极拳联盟”，并担任主席。1998年，由于他在国际上为中国武术的普及与发展所作出的贡献，中国武术协会授予他“武术推广奖”。自2006年始，由国家级武术杂志《中华武术》杂志社、国家体育总局武术运动管理中心社会部主办的“中华武术大讲堂名家讲堂”，每年一期在北京等地举办，近几年傅声远大师应其邀请携爱子傅清泉作为名家讲授杨式太极拳，他们父子主讲的班级一直是人气最旺的教学班。

傅清泉6岁起随祖父和父亲练拳，从小就接受了正规的武术训练，20世纪80年代成为专业武术运动员，1985至1987年连续三届获得上海市杨式太极拳冠军，1988年获全国太极剑冠军、杨式太极拳亚军。1989年他代表国家队参加中日太极拳比赛，获杨式太极拳冠军。同年，他随父移居澳大利亚，创办“傅声远国际太极拳学院”，1995年起担任“世界永年太极拳联盟”副主席。因祖父去世，傅清泉1997年起放弃了国外优越的生活条件和高额的报酬，回国内继续祖父未竟的太极拳事业，现为中国武术七段。近年来，他立足国内，面向新加坡、马来西亚、日本、欧洲国家推广杨式太极拳。

傅清泉的太极拳动作规范、轻灵自然、形神兼备、富有美感，深悟太极拳之精髓，素有“太极少帅”的美誉。他不仅拳艺超群，而且有一套具有鲜明特色的教拳方法，在教学中特别善于将太极拳的理论和实践相结合，条理清晰、形象生动、妙趣横生，使人们能轻松愉快地进入太极拳的大门。他秉承家训，乐观豁达，授业解惑，机敏练达，体现了新一代太极拳名家的风范。1999年，中央电视台录制播放了他讲演的杨式太极拳、剑、刀、推手的系列教学片，至今仍反响强烈。傅钟文、傅声远、傅清泉一家三代致力于太极拳的发展与传播。他们不忘初心，立志于太极拳运动发展事业，一直坚持杨澄甫大师定的杨式太极拳传统拳架为本，而且与时俱进。2000年10月，他们祖孙三代编著的《嫡传杨式太极拳教练法》问世，成为杨式太极拳的旷世之作。爱好杨式太极拳的教师、学员又多了一本太极拳的经典参考书。

“精武会就是我的家”

傅清泉经常在国内外各地进行太极拳讲学。今年58岁的朱书明荣获第七届世界传统武术锦标赛传统杨式太极拳一等奖和2017全国“市长杯”武术太极拳比赛杨式太极拳第一名。他谈起傅老师2016年10月在兰州讲课时的情景至今还历历在目：傅清泉老师在上千人的火车头体育馆讲课演示时，全场鸦雀无声，安静得连一根针掉在地上的声音也能听见，他知识渊博，讲课深入浅出，通俗易懂，引经据典，理论与实践相结合，传统与现代结合紧密，他把传统杨式太极拳的拳理拳法讲得清楚透彻。他的太极拳演示更是引人入胜，给人一种美的享受。朱书明前后参加过傅老师教学的四次培训班，每次都是收获满满。随着培训班多次接触，他对傅老师为人处世也就有了更深的认识。朱书明说，傅老师不论是平时还是教学，都以德为先，身体力行，要求弟子或学生学拳先立德。他从来不以名家自居，从不自傲，为人低调谦和。对于一些

太极拳初学者，他都从最基础动作的一招一式讲清楚，从不懈怠。他讲拳时，把每个动作的细节从习练到运用讲得很透彻。傅老师告诉学员："练拳不练细节等于白练，一套拳的质量就体现在每个细节上。"

"精武会就是我的家，"傅清泉老师经常对学员说。在自己"娘家"精武会教拳过程中，来自于各区辅导中心的学员大多数都超过50岁，可是在太极导师傅清泉风趣幽默的讲解下，似乎回到了年轻时代，欢快的笑声不断。最有趣的是"试劲"的体验，傅老师让一女学员摆好太极拳"金鸡独立"的定势动作，经过调整到位后，即使壮汉用力推，她却仍能"岿然不动"，"女神"就此产生，真神奇！"姿势正确，力量能灌入脚底，所以可承受很大的力量而不倒，道理就是这么简单。"傅老师一语道破玄机。傅清泉老师就是让你在不知不觉中，轻松愉快、心领神会，领悟太极拳的奥秘！

"勤恒礼诚，忠义德仁，敬爱谦和"，是杨家傅门拳的家训，傅清泉老师每时每刻都铭记在心，落实于自己的一言一行之中。

傅清泉坦言："我们傅家三代人都是精武人，精武就是我的家！精武精神是我在全国和世界各地传播太极文化的强大动力，我要继续为弘扬中华优秀传统文化而做出自己应有的贡献！"他掷地有声的话语让人们精神振奋。

（2018年1月18日）

杨军：让微软工程师爱上太极

2019年2月7日至17日（美国时间），“一带一路”中国太极文化世界行美洲行吸引了数百名美国各族裔太极爱好者参与教学活动，专家传授团陈正雷、杨军、傅清泉、陈娟和邱慧芳的精彩表演与悉心教学，让美国民众理解与感受了中国太极的魅力。在旧金山湾区硅谷、拉斯维加斯和洛杉矶教学点，专家团成员、国际杨氏太极拳协会会长杨军飘逸的拳姿、规范的功架，让人羡慕不已！据知情人士说，杨军神形兼备的拳架造型，与其祖父杨振铎十分神似！

在教学现场，杨军接受媒体记者采访时娓娓道来：“杨氏太极拳第一代传人杨露禅，第二代传人杨班侯、杨健侯，第三代传人杨少侯、杨澄甫（杨振铎的父亲），第四代传人杨振铭、杨振基、杨振铎、杨振国四兄弟，其中的杨振铎就是我祖父。我祖籍在河北省永年县广府镇，我是杨氏太极拳第五代嫡宗传人。”

杨军生于1968年，毕业于山西大学体育系。作为杨振铎大师的长孙，他自幼随祖父母生活，5岁起便在祖父杨振铎的教导下开始习练家传技艺，因此深得家传技艺的精髓，十几岁便随祖父杨振铎开始在世界各地传播杨氏太极拳。

1982年，杨军14岁时就直接参与成立山西省杨氏太极拳协会事宜。在第一至第三届传统杨氏太极拳国际邀请赛中，年轻的杨军担任了组织领导工作，他连续不断地参与山西省杨氏太极拳协会的教学、表演与竞赛，逐步提高了他的太极技艺、组织经验和社交能力，为今后艰苦创业奠定了坚实基础。

“我当时有一个梦想，就是把全世界所有爱好杨氏太极拳的拳友联合起来，拧成一股绳，共同传承与传播杨氏太极拳，造福于全人类，促进人们健康生活！”杨军感慨地表示。

为实现抱负赴美“播种”

美国西雅图，一个叫常绿州的城市，民风淳朴，邻里友善，一些世界巨头公司如微软，亚马逊总部均驻扎在此。

刚开始时，杨军赴美在西雅图教拳异常艰苦。他在武馆教拳的同时，还积极主动服务于当地的慈善组织，曾在ACRA（Asian Counseling and Referral Service）义务授拳两年多，后来武馆搬到微软总部旁边。作为减压和健身的首选，许多IT工程师成了杨军的

杨军在洛杉矶教学点

学生，他们通过练习太极拳，深刻体会到太极拳可以带来工作与生活上诸多好处与惊喜，于是如滚雪球一般，带动了一批又一批拳友加入太极队伍。

在发展当地太极拳的同时，杨军不忘初心！他建立国际杨氏太极拳协会的宗旨，就是努力团结世界各地的太极拳习练者，在世界范围积极推广太极拳，就是要让更多的人充分认识中国太极拳和太极文化的无穷魅力！

经过近20年的努力，杨军以太极文化交流为平台与渠道，创立了一个以普及、提高习练者和教练水平，具有统一的技术标准，实施教学评级的国际性太极拳组织，做到学校专业化，教练分级化，裁判资格化，段位考评化。如今的杨澄甫太极拳中心和附属学校已经发展至近200个，资格教练300多名，遍布在亚洲、美洲、非洲、南美洲和拉丁美洲的24个国家和地区，成为海外最大的太极拳组织之一。他10年之前就在欧洲和南美洲开办了太极拳师范学院；2015年，他建立了北美太极拳师范学院。在杨军带领的团队运作下，2009年、2014年第一、第二届国际太极拳论坛分别在美国田纳西州的纳什维尔市和肯塔基州的路易斯维尔市成功举办，太极拳陈、杨、吴、武、孙各大流派的顶尖人物以及80多位西方科学家参与了大会的教学交流活动，来自世界各地的20多个国家近千名太极拳爱好者享受了一场太极文化的饕餮大餐。国际太极论坛峰会为北美太极拳界的发展谱写了新的里程碑。杨军作为路易斯维尔的荣誉市民，于2014年获得了肯塔基州的最高荣誉奖“肯塔基上校奖”，这是中国武术人首次获此奖项，进入获奖名录。杨军几十年来获奖无数，但是他看得很淡。他只有一个心愿，就是让世界更多的人了解中国太极文化，让更多的人从中受益！

杨军担任国际杨氏太极拳协会杂志主编以来，近20年间，不间断地出版杂志38期，2006年出版了6套教学DVD，包括拳、剑、刀、基础推手、推手应用等项目，得到了世界各地广大拳友好评。

如今，杨军带领着他庞大的太极拳“舰队”，徜徉在五大洲四大洋，广泛传播太极文化，大力弘扬中华文明。

披荆斩棘向前走

在传播太极的道路上，并非一帆风顺。1999年8月，杨军赴美主持国际杨氏太极拳协会的日常工作，他拎了四个皮箱，落脚在西雅图中国城，开始了美国生活。理想是美好的，但是现实却是残酷的！他在打了两个月的地铺之后，才有了真正意义的一张床，一张别人不要的旧床垫。因为人生地不熟，杨军教学第一节课只有三个学生，他直接面临的问题，就是拳馆每个月需要支付1 500美元的租金和800美元的房租，此时，他才真正意识到现实的残酷。当时吃一顿豆腐就和小时候过年一样。经济的压力直接导致了巨大的心理落差与不适！为了在美国站住脚跟，养家糊口，杨军曾经站在

中国太极文化美洲行专家传授团（左起）：陈娟、杨军、陈正雷、傅清泉、邱慧芳

路边发过传单，在各个广告亭张贴广告，他始终没有退却，他相信拳馆会慢慢好起来！凭着初生牛犊不怕虎的精神，他闯过了第一关“生存关”。

常言道：一个好汉三个帮，杨军初到美国语言不通，甚至连一个账单都不知怎么去付。他非常感谢当时的合作者Jeremy Blodgett在生活以及工作上对他和团队的照顾。因为经济原因，杨军至今仍记得，国际杨氏太极拳协会第一期杂志，从设计到内容，是他们两个人起早摸黑，连续熬了一个星期才做出来的，当时他俩从印刷厂拿到杂志样品就像看到了自己的孩子一样开心。那天的天气晴朗，阳光明媚，杨军与同事笑容灿烂，心情也格外开朗！如今，国际杨氏太极拳第49期杂志刚刚发行，从单一的英文版，已经发展到现在的意大利、西班牙和葡萄牙语言的文字版本都有了！

据杨军回忆，当年的海外太极拳组织很松散，他作为太极拳国际传播大使，十几年一直在世界各地传播与推广，从美洲到欧洲，从南美洲到非洲，把一个一个松散的组织串联在一起，归属在国际杨氏太极拳协会下，使太极拳民间组织有了一种归属感，大家都非常高兴！

创立“明理，知体，达用”教学体系

杨军已有近40年教学经验，他创建了“明理、知体、达用”教学体系。也就是说，做任何事情，首先要明白道理，为什么要这样做，是什么理论在指导。当你知道道理后，又如何在理论的指导下练功。既懂得理论又练出了功夫，下一步就是怎样灵活运用了。这是一个完整连续的训练体系。他深知，一个好的体系推广，需要好的教练去推行！十年之前，杨军在欧洲做试点，成立了杨氏太极拳师范学院欧洲部，主要培养一批“明理，知体，达用”的教练团队，十年间，他又成立了杨氏太极拳师范学院南美部、杨氏太极拳师范学院美洲部，逐渐培养了一批合格的教练，这些教练就像种子一样，在世界各地生根发芽，茁壮成长，吸引和带动了一大批太极爱好者参加太极课程和培训活动。

世上无难事，只怕有心人！杨军表示，弘扬中华文明、传播太极文化永远在路上，需要更多的人努力，为促进世界文明和人类健康作出新贡献！

（2019年2月18日）

陈思坦：在美国让太极“生根开花”

跨入2020年元月，“太极王子”陈思坦在美国纽约的武术活动也更为繁忙，中国驻纽约总领馆、美国同乡会和一些外资机构等都邀请他和学员团队去表演中华武术。

陈思坦是中国第一位世界武术锦标赛男子太极拳冠军，第一位亚运会男子太极拳冠军、第一位太极拳国际竞赛套路示范者……他从1977年进入中国福建省武术队开始太极修炼，努力攀登一座座太极竞技巅峰，悉心传播太极文化。16年之前，他作为杰出人才赴美，在美国纽约首创太极大赛和健身气功活动，吸引了许多美国民众参与其中，思坦的太极人生犹如太极行云流水、势势相连。

埋在“沙里的金子”露面了

2019年12月，陈思坦荣获“中国太极拳最具影响力人物”（评选活动由中国体育报业总社《中华武术》杂志主办）。他为人低调，接受媒体记者采访时说，遇到好的教练和良好的环境造就了他的太极人生，他感恩于祖国精心培养，祖父和曾乃梁教练悉心栽培，才有了以后的太极辉煌！

陈思坦，1967年1月生，福建福州人。2002年加入九三学社，他曾任福建省体工大队中级教练、福建省武术协会常务理事，第十届全国政协委员。

陈思坦的祖父陈修如曾任福州武术馆副馆长。他6岁时跟爷爷学打“罗汉拳”。1977年，他在福建省体工大队任运动员、中级教练。10岁时陈思坦被全国十大武术名教练曾乃梁收为弟子，从此正式走上习武之道。第二年，他参加全国武术比赛，获得乙组（男女合取）第二名，崭露头角。但这之后，他却起起落落，甚至“名落孙山”，直到21岁时才又重新崛起。

1988年，经过千锤百炼的陈思坦，在北京举行的中日太极拳对抗赛上第一次获得冠军。这块长期“埋在沙里的金子”终于闪闪发光，并越来越耀眼夺目。

1990年，武术首次被列入第十一届亚运会比赛项目，陈思坦成为举世瞩目的男子太极拳亚运会冠军。

1993年，他在马来西亚首都吉隆坡举行的第二届世界武术锦标赛上夺魁，成为我国第一位男子太极拳世界冠军。直至30岁退役，他总共获得国内外各类太极拳、太极剑比赛金牌32枚，实现了“全运会”“亚运会”“世锦赛”太极拳金牌的大满贯。

陈思坦的太极动作舒展浑厚，严谨饱满，因而被海内外誉为“太极王子”。

1995年，他当选为“中华武林百杰”，多次应邀出访讲学。他所拍摄的太极拳教学系列光盘，深受大众的喜欢。国家体委授予他“武英级运动员”，并在1994、1997年两次授予他体育运动荣誉奖章，他还先后获得福建省政府大功2次，三等功1次，以及福建团省委“福建省新长征突击手标兵”称号，福建省总工会也授予他“五一劳动奖章”。

“金子”在哪里都发光

陈思坦坦言，最初在美国推广传播中国太极拳困难重重。当时，许多美国民众不了解太极文化，也不知道太极可以改善身体提高免疫力！

但只要认准的道路，陈思坦就会毫不犹豫地走下去！记得当时，他从纽约长岛去新泽西州爱迪生高中和华夏中文学校教太极，来回车程就要4个小时，但是他不畏艰辛，坚持不懈。他还去社区大学恶补英语，努力克服语言障碍。

在美国教太极让陈思坦承受很大的压力，但也得到更好的历练，他现在太极讲课的表达比以前有了很大进步。为了推动太极拳的发展，也为了让更多人认识和接受太极运动，他创办纽约太极大赛，鼓励大家积极参与。

陈思坦说，他很喜欢致力于太极文化的传播。他认为：“喜欢一件事就应该执着地去做，人生总是要有新的突破。”他认识到，太极运动能给人们带来身心健康和快乐，应该大力推广，这比当冠军拿金牌更有深远意义。陈思坦说，由于受太极影响很深，所以心态一直很好，在异国他乡尽管遇到那么多的逆境和挫折，他仍然坚持不懈，就是因为坚信自己的实力和选择，一切总会朝着好的方向发展！他说，目前太极拳在海外已有很高的声誉，它所表达的不仅仅是外在的一套拳，而是中国古老的哲学，是一种和谐的社会价值观，习练太极拳可以改善人的心性，看问题秉持中庸之道，不会走极端，凡事淡定豁达乐观，这才是太极拳独特的魅力

所在。目前在美国很多人习练太极，他们既是喜欢这种古老的传统文化，也是因为练太极可以健体养生。陈思坦老师在美国教授太极时，把练习太极和健身气功相结合，正式习练前，他带着学员练习八段锦，易筋经、五禽戏等功法，舒缓筋骨，然后教授太极动作，二者有机结合，效果明显。

目前已进入隆冬季节，位于美国纽约的长岛更寒冷，而美国思坦太极武术中心内温暖如春，干净明亮宽敞的教室里，从四五岁到七八十岁的学员都有，他们定期来跟着陈思坦、林旭夫妇一起练习太极拳、太极剑和长拳等各种武术项目。

太极“雪球”越滚越大

经过16年多的艰苦打拼，陈思坦夫妇目前已在纽约长岛、法拉盛和曼哈顿地区开设了长期的武术太极课程，思坦太极注册在编的各年龄段学员近千人，有些“高徒”自己现在也已开班授课，将太极运动进一步推向了美国各地民众。

为了让更多的美国人认识和理解太极蕴含的平衡、和谐的中国文化理念，使更多的美国民众喜欢和热爱武术太极运动，从2011年起，他们已连续举办了九届纽约太极大赛，吸引了美国、加拿大和中国的太极团队参赛，影响力逐步扩大。他们还举办纽约健身气功活动日，并在各类学校和社区开设武术太极课程，在美国亚太裔文化月和多元文化节里开展武术和太极表演和体验课程，让更多的美国人亲眼看到、亲身体会到中国太极的无穷魅力。

（2020年1月21日）

梁守渝：加拿大国家队首任总教头

美国当地时间2018年5月19日，加州圣何西市会议中心南馆灯火通明，美国功夫太极杂志社国际武术锦标赛武术名家表演拉开了帷幕，鹤发童颜的梁守渝教授上台演示了独具一格的蜀山无极逍遥掌，掌法飘忽，忽快忽慢。静时化象虚空，隐现藏机；刚猛时疾风骤雨，快似闪电，气势惊人。静如处子动如脱兔！

梁守渝教授是应美国功夫太极杂志社之邀从加拿大温哥华过来的世界著名武术家，国际武道联盟创始人。今年76岁的梁守渝是四川人，5岁起跟随祖父习练峨眉派武术，以后又向十几位武术名师习武，多次参加市、省和全国武术比赛，曾做过运动员、教练员和全国武术比赛裁判员，1979年被评为全国体校优秀教练员。梁守渝于1981年赴美任美国西雅图华盛顿大学功夫俱乐部教师，1983年至2003年在加拿大哥伦比亚大学体育学院任武术教师、教授和武术主席。其间，1985年任加拿大国家队第一任武术总教练，加拿大队当年获世界武术锦标赛总分第三名；1986年继续任总教练，加拿大队总分仅次于中国，荣获世界武术锦标赛第二名，是至今为止加拿大在世界武术赛事中最好的成绩。1987年，他与中国、美国、苏联和加拿大的武术家共同策划，在美国创建了国际武术散手道联盟（国际武道联盟）至今已经有31年。梁守渝教授接受媒体记者采访时说，中华武术博大精深，国际武道联盟的宗旨就是综合各种武术之优点，培养德艺双修全面的武术人才。通过举办武林大会、武术比赛和交流研究，推动中华武术和武术文化在海内外传播。同年他在加拿大创办了梁守渝武术太极气功学院，如今已经传承给了女儿梁好和女婿杨承翰负责。他在加拿大30多年，长期与20多位教练一起，已经教授几万名来自于各个族裔、幼儿、大中小学生、老人和各行各业的精英人士练武，他们不仅强身健体，减压增能，提高了身体素质，而且还增强了意志和毅力，提高了社会适应能力和应变能力！

5月20日下午，梁守渝教授还赶到了加州库珀蒂诺（苹果公司总部所在地）的峨眉太极文化学院，为学员上道家气功修炼讲习课，这是由美国太极文化基金会主办、虎爪基金会协办的活动。主要介绍中国道家的修炼文化，什么是“性命双修”，怎么增强丹田气等等，并传授了气功的修炼方法，言传身教，深入浅出，生动形象，让学员大呼过瘾！

集百家之长，自成一体

梁守渝善于集武术百家之长，他完善了太极拳、形意拳、八卦掌和六合八法等系列的武术项目，多次出版发行了武术完整系列的DVD与书籍教材。他自创了蜀山无极逍遥派，以古拳法无极拳和清浊气大鹏功为核心，他还综合了实用武术动作，创编了七套逍遥武术，分别为逍遥拳、逍遥快腿、逍遥擒拿、逍遥快摔、逍遥点穴、逍遥棍和逍遥掌。他在加拿大创立的武术太极学院，他的学生80%以上是西方人，他觉得中华武术的精华不仅要传给中

国人，还要传播给全世界各民族。这样才是真正弘扬中国传统文化。

梁守渝和女儿梁好在加拿大电视台进行太极和气功教学武术讲座，这个节目每天一小时，做了130集，很多西方人从中了解了中华武术的博大精深，源远流长。

每年8月，梁守渝都会在练功房内做讲座，美国各州也会来30到50人。他每年都会去美国教武术，去二三十个城市，在美国教过上万名学生；也经常受邀到欧洲教学，很多城市都有他的学生。

他说："要活到老学到老教到老。"熟悉武侠书的朋友也许看过一本叫《蜀山剑侠》的武侠小说，讲的就是蜀山派武林高手的故事。梁守渝练的就是蜀山派，属蜀山逍遥派。他告诉记者，蜀山派以峨眉派为主，还包括青城派、巫山派、西藏密宗等。特点是吸收了中国南派和北派、内家和外家各派的精髓，还包括了佛家道家的气功修炼。逍遥派动作自由逍遥，不死板，武术动作随意表现。

梁守渝说，武术可分为内家和外家，外家以速度、击打取胜，如少林拳等；内家注重练气，原则是以柔克刚，四两拨千斤，借对方的力量控制对方。

梁守渝说，他现在每天学习，潜心研究哲学问题。他研究道家的《道德经》、佛教的《心经》，还研究《易经》。"武术到了一定境界，就与哲学密不可分。"他说。

（2018年5月25日）

林元闿：美国明空太极创办人

2018年8月11日，美国最大规模的北加州华人体育运动大会创下了两个第一：太极参赛人数最多，太极项目最多。近日，作为优秀组织者之一，华体会副执行长、太极处长林元闿接受媒体记者采访时说："我的太极人生就是通过长期练武，不断提高自己的坚强意志和身体素质，并在教学中让更多的人群了解太极文化和拥有健康的身体！"

林先生从小就喜欢各项体育活动，诸如足球、棒球、桌球、羽毛球等，进了交通大学后也继续保持着对球类运动的热爱。有一天，太极拳社团在招生，他怀着好奇之心报了名，看到老师打拳的姿势柔美，缓慢有韵，舒展大方，于是就"依样画葫芦"，跟着老师学习，当时教拳是传统杨氏太极拳108式，从此就与太极拳结下一世情缘。

他来到美国求学和工作后，在业余之时，去中国寻师路中，先后师从陈氏太极拳嫡传人陈庆州、陈小旺、陈有则学习陈氏太极拳，师从梁乃崇老师学习竞赛套路，后来又师从杨氏太极拳第五代嫡传杨军。2015年，他看到王壮弘口述的《上善若水》一书后叹为观止，它以佛说拳，难得一见。此书梳理归纳太极十三总势放大、缩小、旋转、螺旋、翻动、扶摇、羊角等规律，以水性太极拳独有的流体、气势、激荡、无为、无力的态势、心法，将太极拳之精髓细加阐述。于是，他受学于第一代王氏水性太极拳嫡传弟子林启明先生，习练王氏水性太极拳和推手至今。他习练太极拳数十年如一日，在多次太极拳比赛中获殊荣。

太极拳贵柔（松柔）、贵和（融和）、贵化（转化）。他自从练了太极拳，身心松柔，懂得与人和融相处，遇有不顺时能转化念头，发挥正能量、正思维去解决工作生活中的各类问题。

林先生认为：太极拳的核心思维是“中道观”“舍得观”“全体观”。因“中道观”，讲求“无过不及”，所以在强调打拳松柔中，不丢顶抗离，又能沾黏连随。那么做每一件事不就是要在不紧张（松柔）中全力贯注，不偏不激，锲而不舍（沾黏连随）去完成吗？因“舍得观”，讲究与对手对峙时，先“舍己从人”，自然“人背我顺”，我就处于有利的态势了，这是先“舍”才有“得”的道理。我们做人处事不就是要先贡献一己之力，有付出自然会有回报！若反过来先“得”，则不劳而获或者强取豪夺，遇到的阻抗是无法抗拒的！因“全体观”，注重的是“一动全动”，若一动则全身动，上下相随，这是全身整体劲的运动。我们在处理各类事情的时候，就是要有“全体观”，而不能只从局部着眼！如此，我们才能作全面、整体性的观察，抓住核心之因，再作“对症下药”的处理。

长期练太极拳，对为人处世有极大的帮助，一方面在生理上得到了锻炼，在心理上也因此能客观淡定，圆融处理事情，处顺境时不会冲“过”头，处逆境时不致“不及”，不灰心失意，以整体观察和能舍能得的态度，来随时调整自己，以应付各种可能发生的状况。

林先生认为，高科技、佛法与太极拳的道理是相通互济的，利用高科技可将佛法、太极拳法阐述得更清晰，更易让人接受而摄性循行，缩短了学习的时间，也有助于确定人生的方向、扫除得法过程中的障碍。当今高科技发展，人们生活节奏越来越快，生活压力越来越大，习练太极拳，可以修身、修心和修命。身心健康是事业成功、家庭圆满的基石，在过去30年中，他从事高科技企业管理与投资，曾经当过北加州网络协会会长、美国华商联会理事、美国西海岸玉山科技理事、美洲交大总会会长，现任美洲交通大学五校总会荣誉理事长。

在长期从事高科技事业中，他一直也不忘公益志业，追求和努力学习从小喜爱的中国哲理、佛家、太极拳等传统文化，曾拿过全美功夫杂志社及美国武术总会举办的各类太极拳比赛多面金牌。他创立并主持美国明空太极协会及美国禅学研究中心，还担任美国虎爪武术联盟内家太极拳处长及北加州华人体育文化协会副执行长兼太极处处长，主办和主持多次百人太极拳比赛和禅学养生讲座。同时，他还在各大学及社会团体中推广及教授太极拳与中国传统养生之道。

在世界科技闻名的硅谷，许多人因为工作压力大，饮食不正常，又缺乏合适的健身运动而导致生病，甚至因病而英年早逝。为此许多高科技企业聘请他教员工练习太极拳。他经常在周末义务教授太极拳，寄希望更多的人练武强身健体。一位70多岁的老先生动心脏手术后身体绷紧，医生建议他学练太极拳舒缓肌筋以复健，他找上了门，于是林先生教他简化24式太极拳，并叫他多练“云手”，于是老人看电视时也练“云手”，在湖边走路也练“云手”。就这样，太极拳练了一年，身体康复了！

林先生因经营企业以前经常坐飞机跨越太平洋，对于长距离的飞行，睡眠和长坐十多个小时，若安排处理不好，那简直是折寿。因此要睡眠好，利用在飞机上打原地太极拳以舒展筋骨是他必做的“功课”！他往往一下飞机，在旅馆洗个澡就直奔公司开会，一点倦意也没有，精力充沛，得益于坚持每天练习太极拳，无论在家、旅游或出差，练太极都不能少。林先生有一次在搬重物时不小心伤了臀肌，走起路来觉得很痛。他于是就用慢打太极拳来疗伤，在行

拳的每一个开合动作中，以内动带外动，以髋骨为主去带动上腰下臀，缓慢地去伸缩着那链接臀大肌、臀中肌和梨状肌的诸多肌筋，肌筋被急速拉扯所造成的筋伤得到了适当的舒通后，一星期后就完全康复了！真神奇！

林先生始终牢记郑板桥的一首诗："咬定青山不放松，立根原在破岩中。千磨万击还坚劲，任尔东西南北风。"他认为：练习太极拳是人们对自己身体最经济实惠的必要投资。林先生表示：他会在美国大地上继续传承发扬中国的太极文化，让更多的人习练太极拳，以达到强身、养生、疗伤和御侮的功效！

（2018年8月23日）

彭文：在美欧广传赵堡太极

2018年6月10日（美国时间），美国加州国际武术锦标赛在圣何西市举行。在特邀嘉宾席上，一位浓眉大眼、50岁左右的武林人士特别引人注目。他上场表演了经典的赵堡太极拳，其拳姿雅静，飘逸如鹤；似行云流水，连绵不断；行拳以中、正、平、圆为基根，以松、静、顺为主导，五行八法贯穿其中。他原汁原味地演示赵堡太极拳，技艺纯熟，内力上乘，赢得观众一片掌声和喝彩声！他就是中国赵堡太极拳第十二代传人、现任国际武道联盟主席、美国太极文化协会会长彭文。

据彭文介绍，赵堡太极拳是中国最古老的太极拳流派之一，是当今世界上唯一不以姓氏命名而用地名的太极拳种。在百家争鸣的武术界，赵堡太极拳一直以来享有着很高的声誉，当前流传于世的武式和孙式等太极拳流派，都与赵堡太极有很深的渊源。以中国河南省温县赵堡镇命名的太极拳如今不仅在中国享有盛誉，而且在美国、加拿大和欧洲遍地开花。赵堡太极拳流传所以如此广泛，美国太极文化协会大力推广起了关键作用。彭文自2007年创建该协会以来，目前在北美、欧洲等地区会员达到2 000多人，广泛传授赵堡太极功夫和中华传统文化儒道思想哲理之精华，每年举行国际太极/推手比赛，传统太极文化交流论坛，并与各大学院（校）密切合作，开设传统太极和传统文化哲学课程。与此同时，他在美国加州就有7个教学点，并立足加州硅谷，在苹果、谷歌、英特尔、思科、脸书等高科技公司广泛传播传统赵堡太极养生文化。

显然，赵堡太极拳还有技艺和文化方面的特点：素以“硬如钢、软如棉、滑如鱼、粘如鳔”著称天下，拳艺理论以“易经”“中庸”“理学”为其骨架，富有哲理。作为一项极其有益于身心健康和技击性很强的体育运动，赵堡太极拳也是中华民族的瑰宝之一。其以达观优雅的自然节奏锻炼方式和神奇莫测的搏击技能称著于世，可以强壮体质，磨炼意志，陶冶性情，祛病防身，丰富人们的精神生活。

由于赵堡太极拳运动速度可快可慢，动作可大可小，姿势可高可低，因此学练此拳人人皆宜，不受年龄性别和身体素质的限制，更不需要宽阔的运动场地和繁琐昂贵的健身器械，只需有几平方米的室内或室外空间（赵堡自古有拳打卧牛之地一说），男女老少均可根据自身的条件进行学习和锻炼。彭文从小酷爱武术，从6岁起习武，拜师于中国武当赵堡太极拳第十一代宗师宋蕴华门下，他勤学苦练，精研太极功夫理论内涵。40多年来，他勤耕不辍，苦

心追求，通达武当赵堡太极拳的精髓。他演练赵堡太极拳已经炉火纯青，并精通太极推手、散手、跌法、擒拿格斗及分筋错骨采手技术。

20世纪90年代，彭文先后在广西南宁和泰国曼谷开过武馆，以后他在中国香港协助师傅宋蕴华创办了国际太极易拳道总会，积极传播中国传统武术文化。跟随彭文老师学习的学员，就有咏春拳、日本空手道以及跆拳道高手，其中具有代表性的就是香港跆拳道黑带八段陈国强先生。初入美国时在伯克利武术比赛中，彭文遇到了挑衅。身高马大的一非洲裔人口出狂言，并搞突袭，从彭文背后用手掐他的脖子，彭文用了“童子拜佛”（俗称解领口）一招。只听一声哀嚎，非洲裔人倒在地上，领教了中国功夫的厉害！

从20世纪80年代至今，彭文精研太极气功养生，并付诸实践与教学，对于中国传统文化儒、释、道哲理思想之精华，他博学且著述颇丰。彭文著作中英文版本《赵堡太极拳》已出版发行，并被美国国会图书馆收藏；中国武术刊物《武当》《太极》杂志曾多次刊登其专业论文。他的事迹入编《中国体育年鉴》《世界著名武术家风采》，还荣获“当代中华武坛精英奖”“当代中华武坛精英”和“世界武林百杰”等称号，被评为“世界太极拳推广大使”。

彭文老师移居美国已有20多年，致力于在世界范围内传播中华武术文化。他身兼加州中医药大学太极气功研究中心主任、硕士生导师，并被誉为美国首席太极技击专家、当代武当内家功夫文化杰出代表。在赵堡太极拳所有的教学点，彭文老师以科学的训练模式教授学生，其中有“四步分解法”及“三点定位论”等，效果非常好。如今，他亲授的弟子已遍及世界各地，分布于各行各业，其中包括在校学生、教师、军人、警卫、警察、医生、商人、律师、舞蹈艺人等各界人士，尤以电脑工程师为多。退役少校、律师蒂姆曾学过空手道、跆拳道和少林武功等，他自从跟随彭文老师练武后，更加勤奋，每天坚持不懈，循序渐进，在彭文老师悉心传授下，武艺不断提高，获益匪浅。蒂姆说，彭文老师要求很严，如果一个动作没有做好，他就不会教第二个动作，直至蒂姆领悟了技术要领才过关。

由国际著名武术家梁守渝等人创建的国际武术散手道联盟（国际武道联盟）已经走过了31年，该联盟在全世界现有100多个分部，汇集了众多的国际著名武术家，既吸纳了各领域大批开拓进取的先行者，又汇聚了众多满腔热情、锐意进取的新生代，已经成为一座座连接世界民众的武术桥梁。彭文身为国际武道联盟现任主席，深感责任重大，他表示：要充分发挥中华武术文化的独特魅力，竭尽全力，为武术文化在世界各地传播推广作出新贡献！

（2018年6月12日）

费玉皎：奥地利总统惊叹的女武者

2018年7月8日，中国台州国际武术节活动经过一天比赛圆满闭幕，欧洲武术界“武林女杰”、此次担任仲裁副主任的费玉皎心情格外高兴，她带领的德国汉堡易北中文学校（武术队）荣获7枚金牌、1枚银牌，并获得“优秀团队”称号，她本人也荣获“优秀教练员”称号。

摸爬滚打中练就“绝活”

费玉皎出生于江苏省南京市的一个武术世家。曾祖父乃是清朝武举；父亲费隐涛深得真传，号称“费家功夫”，曾三任南京市武术协会主席。

作为费老师傅五个子女中最小的一个，又是独生女，费玉皎从小备受家人宠爱。由于从小体弱多病（费隐涛50寿辰得女），所以费玉皎从5岁起就跟随父亲习武。费老师傅的本意只是让女儿强身健体，可后来发现女儿习武的天赋和资质都很高，于是潜心传授女儿家传武学。费玉皎也不负父望，习武一年后就在南京市武术比赛中夺得第一名，此后又在国内外多次大赛中获奖。更让老父开怀的是，费玉皎在摸爬滚打中练就了绝活“铁板桥”，卧在站着5个成人的青石板下可以引声高唱，突破了武界“气功不开口”的禁例。1980年，费玉皎在全国武术气功大赛上技压群芳，获得硬气功女子一等奖。是年，她年仅18岁。

“侠女”陌路不气短

费玉皎从小就眉清目秀，习武后更添英气。虽说并不喜好描眉画目、家织女红，但素面朝天亦难掩飒爽英姿，故被武林同道誉为“武林一枝花”。20世纪80年代初，面对人生道路的抉择，在度过数十个不眠之夜后，她没有理会香港导演徐小明提供的进军演艺圈的机会，而是在奥地利朋友的介绍下，远赴异国担任武师。这一年费玉皎刚满22岁。

谈起初到奥地利的人生经历，费玉皎至今仍历历在目：她怀揣着100美元，随身所带的除了几套换洗衣服，其他全是武术行头：练功服、练功鞋、刀、剑、创伤膏药等等，颇似影片里闯江湖的侠女。到了维也纳，费玉皎才发现这个城市根本不是想象中的灯红酒绿。她找到有关协会，对方一看只是一个20岁出头的黄毛丫头，想来功夫也不会有多精深，以至于最初，费玉皎不得不同别人凑合住在一间地下室。因为语言不通，身边无亲人，从小被视为掌上明珠的费玉皎第一次感到了人生的不容易。每当夜深人静的时候，她躺在阴冷潮湿的地下室翻来覆去，无法入睡，父母家人、亲朋好友、武林同道那一张张熟悉的身影在她眼前一一闪过，武术比赛场上为她响起的喝彩声仿佛就在耳边，费玉皎不禁自问：“难道我的选择错了吗？”

可是，生性倔强的她没有轻易认输放弃，用她自己的话说：“哪怕在我最失意的时候我都没有想过回国，我就不信我在奥地利站不住脚，是金子总要发光的！”。在那段“无所事事”的日子里，费玉皎在武学上并没有丝毫的放松。她终于等来了机会：维也纳每年的七八月间都要举办艺术节，奥中友协积极向主办单位推荐费玉皎在艺术节上表演中华武术。结果一炮打响，凡有费玉皎演出中华武术，好奇的维也纳市民和游客们总把会场围得水泄不通，叫好声此起彼伏。费玉皎在异国他乡第一次有了中国人扬眉吐气的感觉。

以柔克刚立威名

这次艺术节后，不断有人找费玉皎拜师求艺。在奥中友协的帮助下，费玉皎在维也纳开办了费家武术学校，这是奥地利第一家中国武术学校。虽说费玉皎在维也纳已是小有名气，但仍有不少外国人对她的功夫将信将疑，特别是一些人看到费玉皎身材不高，体格不壮，心中不服气，故意上门挑衅。一开始，费玉皎还隐忍不发，可后来发现反而助长了挑衅者的气焰，于是决心要给这些人一个下马威，让他们不得轻视中国的武术。一天，一名身高2米多的挑衅者假装向费玉皎请教功夫，实则是要给她好看。瞅着面前人高马大的对手，费玉皎知道力拼敌不过对手，只能采用中国武术中“四

两拨千斤"的技巧。于是，她故意卖了一个破绽，诱使对手一拳扑空，瞅着对方敞开的门户抬腿一踢，大个子应声而倒，围观者无不鼓掌称好。从这以后，再也没有人敢小瞧这位娇小的中国女子。费玉皎后来总结说："中国人在国外一不能丢志，二不能失尊。中国有句古话'敬我一尺，还彼一丈'，但千万不能让人看扁了，该出手时就得出手。"有意思的是，"栽"在费玉皎手上的那位大个子不久后就拜在了她的门下学艺。

随着费家武术学校名气的增大和学生的增多，费玉皎成了备受"洋人"欢迎的武教头，奥地利国家武术队还聘请她出任教练。费玉皎不为盛名所累，先后在欧洲举行的多场武术大赛中获得好成绩，其中包括1985年在瑞士举办的世界武道聚会上勇夺金牌大奖。她还应邀参加了联合国在维也纳举办的为非洲儿童慈善义演活动。在那次活动中，费玉皎怀着一腔展示中华绝技的激情，把十八般武艺发挥得淋漓尽致，看得台下观众瞠目结舌，好半天才爆发出雷霆般的掌声。恰巧当时的奥地利总统瓦尔德海姆也坐在主席台上，没曾想到自己的国家竟然有这般人才，于是找人了解费玉皎的情况，得知她还"客居"奥地利，于是立刻指示有关部门在最短的时间内为费玉皎办理了入籍手续。所以费玉皎此后常常和奥地利人开玩笑说："我比你们都尊贵，因为我是总统钦点的奥地利公民。"

辗转汉堡再创业

从1984年至1988年，费玉皎在维也纳总共待了五年，前后教过的学员达1 000多人。虽说此时的她已是名声在外，但自己总感到不能满足。毕竟像维也纳这样的欧洲大陆城市还不够开放，信息量也少，因而常常感到有劲无处使。一次偶然的机会，费玉皎应德中友协的邀请参加世界体育明星队在德国巡回演出，自由开放的汉堡给她留下了美好的印象。后来，德国有关方面一再邀请她前往教习武术，费玉皎终于动了心。1989年，费玉皎移师德国，在汉堡创办了德国第一家中国武术中心，后来又在当地一家很有名的体育俱乐部里担任武术教头，同时兼任德国国家武术队北方总教练一职。

十余年来，费玉皎为德国培养了数名世界武术冠军，跟随她习武的学生超过3 000人，其中不少学生出师以后自立门户、收徒教学，因为不存在语言障碍，所以有的学生收的徒弟比她还多。对此，费玉皎没有丝毫的介意。她对笔者说："其实我挺高兴的，因为相信我的学生，就是对我的承认，对中国武术的推崇。我在欧洲传习武术迄今已经20多年，始终感到肩上的担子很重。我一直期望着真正意义上的中国武术走向世界，而不是好莱坞和香港影片中满天飞的功夫片。我想这单靠一个人的力量是根本无法完成的，如果可以通过我的学生们，一代又一代把中国武术在他们国家发扬光大，又何尝不可呢？当然，他们教的必须是地道的中国武术，所以我对学生的要求都很严格。"据悉，在这次台州国际武术节上，费玉皎的女儿刘子怡获得太极、剑术2块金牌。

尽管客居异乡仍心系祖国，她经常参加国内武术比赛的裁判工作，而且为父亲家乡牵线搭桥，为德国城市与中国城市缔结友好城市而努力奔波。这次武术节活动，就是一座桥梁和纽带，以武会友，吸引了美国、德国、日本等11个国家和地区153个武术代表队、嘉宾和裁判等共计2 700多人参赛。费玉皎表示，通过比赛交流活动，可以获得更多的体会和经验，取长补短，而且加深了各国人民之间的友谊，能更好地促进世界人民健康生活！

（2018年7月11日）

方国璇：开创美国大学武术计划

在少林英雄会、“一带一路”中国太极文化美洲行首站旧金山湾区硅谷活动中，总能见到甘当“义工”的武术家方国璇，他用一口流利的英语与中文，凭着渊博的学识，风趣幽默的语言，细心讲解武术内容，让在场的练武者很快进入角色，翩翩起“武”。方国璇老师，他有一颗热爱中华武术和传统文化之心！

作为大赛主席，方国璇老师已经连续在加州伯克利大学举办了27届中国武术大赛，规模和影响力一次比一次大，让海内外的武术家和武术爱好者刮目相看，而在他看来，这是运用了“四两拨千斤”的太极原理，伯克利大学有武术俱乐部和武术队，加州和美国各地都有他的人脉，一呼百应。连续两天在第27届中国武术大赛过程中，各裁判员（有些在中国当过运动员和裁判）和其他人员井井有条开展各项工作，高速平稳运行，大赛又一次获得圆满成功！“裁判员和其他工作人员都是义工和志愿者，包括我在内，没有任何报酬”，方国璇老师继续说，“是他们的爱心感动了我，促使我更好地开展协调和服务工作！”

方国璇于1947年生在美国，父亲是美国飞虎队员。早年跟他的叔叔练武，后来相继到香港、上海精武会学习少林拳，并到北京学习武艺和交流，李连杰的师傅吴彬老师曾给予他很大的帮助，他又学习了梁振蒲的形意八卦掌，方国璇还特别用心习练了陈式太极拳（武术名师冯志强的陈式心意混元太极）。陈式太极拳“四大金刚”之一陈小旺到美国讲学时，他也虚心向陈小旺老师求教并获得真传。方国璇老师属于大器晚成的美国武术家，因为他20岁才开始习武，至今没有间断过。他练武与教学已有五十载，其中30年在大学教授武术太极，桃李满天下。

作为世界著名高等学府，加州伯克利大学于1989年率先在全美开设中国武术项目，面向在校学生，从而掀起了全美大学学习中国武术的热潮。美国大学武术计划创始人方国璇于1992年创办首届中国武术大赛，目前已成为全美最具权威性的中国武术比赛。作为富有教学经验的武术家、大赛主席方国璇表示：“弘扬中华武术是我义不容辞的责任，如何把中国优秀传统文化更好地融入美国的多元化文化中，促进人们健康生活，提高生活质量，还有很长的路要走，需要武术人、武术爱好者、所有热爱健康养生的人和社会各界人士共同努力！”

（2019年3月28日）

高婕：赴美教出三名世界冠军

在美国加州，各项武术大赛裁判席位上，总能见到一位娇小玲珑、年轻漂亮的女裁判长，她始终秉承公开、公平、公正的原则，认真负责，工作高效，让人口服心服。她就是高婕，刚结束加州国际武术锦标赛的裁判工作，又将迎战6月份于中国峨眉山举行的世界传统武术锦标赛。裁判、教练和武术人对于高婕来说密不可分，她始终处于亢奋的工作状态！

15岁侗族姑娘勇夺对练冠军

高婕于1981年出生于广西柳州市，侗族。高婕从小特别好动顽皮，所以父母希望她能学会自律，而武术是培养自律、坚强的最佳运动。1986年的暑假期间，她5岁多时参加了柳州市暑假武术短期班。暑假结束，小高从两个班100多名小朋友中脱颖而出，荣幸地被选上市体校。高婕6岁起正式加入柳州市体校武术队训练并代表柳州市开始参加省级比赛，9岁时入选广西壮族自治区体校武术队，独自离家去南宁进行了3年半的专业武术训练。由于她成绩优异，直接进入广西体育工作大队武术队成为专业武术运动员，并代表广西参加国家级武术专业比赛。在全国少数民族运动会上，15岁的高婕手持长棍与19岁的方云手持三节棍一上场，两人精彩的对练项目“三节棍进棍”征服了裁判与观众，荣获武术对练冠军。高婕成为年龄最小的少数民族武术冠军并登上中国武术杂志和精武杂志封面。高婕于2000年获得全国武术冠军赛三节棍亚军，并获得国家体育总局授予全国武术运动员最高级别称号——武英级运动健将。2003年，她在香港首届国际武术邀请赛中获得南拳、刀术、棍术等5项金牌全能总冠军。高婕成为职业运动员，参加专业武术训练、竞赛10年，退役后就读于广州暨南大学，并继续代表学校参加全国大学生武术比赛获得奖牌。

天高任鸟飞

侗族人爱好箫、笛和芦笙，能歌善舞。而高婕就是“一根筋”，只爱武术，她的时间都花在武术训练场上。她在大学期间训练之余就从事武术教学工作。2004年，她赴美国发展与推广武术。2010年，她带领学生一起参加全美空手道挑战赛，获得三藩市总决赛冠军，以全美国前三名的资格获邀与国际影星成龙等明星共同参加《功夫梦》洛杉矶首映发布会。

高婕认为，在武术教学上没有捷径可走，唯有努力更努力，不断学习，提高自身的武术技术水平，在训练过程中，她时刻关注队员们的训练状况，根据每个学员的情况来教学，总体来讲就是做到细心、耐心和关心。学员大多来自于亚洲，印度人也比较多，需要因人施教，言传身教，反复示范，鼓励加关怀！

她回忆起在国际级裁判员学习与考试期间的艰难历程：2015年，作为美国国家级裁判，高婕

等6人参加中国武当山国际武术裁判员学习班。他们首先要熟读国际武术竞赛规则，通过笔试后，在打分考试中对运动员快速的演练分别进行A，B，C不同组的打分测评。打分要求准确，快速！最后是裁判员个人武术专业技术考试，每位裁判必须上场演练拳术或兵器套路，以武术专业技术水平为标准来评定分数。三项考试全部通过，才能获得国际级裁判员的资格证书。高婕说：“当初来美国加州推广武术时，我发现在旧金山湾区传统武术馆校非常多，但是极少有专业现代竞技武术训练的馆校。很多人知道武术是中国传统文化，但是却不太了解武术已经作为正式运动比赛项目出现在世界赛场上。实际上，竞技武术更专业化、职业化、高水平，也更应该突出竞技性。以竞技武术为形式的国际武术比赛，有世界武术锦标赛以及洲际性武术比赛。竞技武术，在美国是以美国国家队武术选拔赛为最高层次比赛，以套路和散打为竞技主要内容的结构模式。竞技武术发展的最高目标是进入奥运会。我曾经是中国专业竞技武术套路运动员，我非常热爱现代竞技武术这项运动，我希望能让美国旧金山湾区热爱武术、练习武术、渴望比赛出成绩的小朋友们，能有机会接受专业的竞技武术训练指导，为能通过武术比赛获得准入证进美国武术国家队参加世界级武术锦标赛为目标的武术运动员们，提供专业的训练场地和

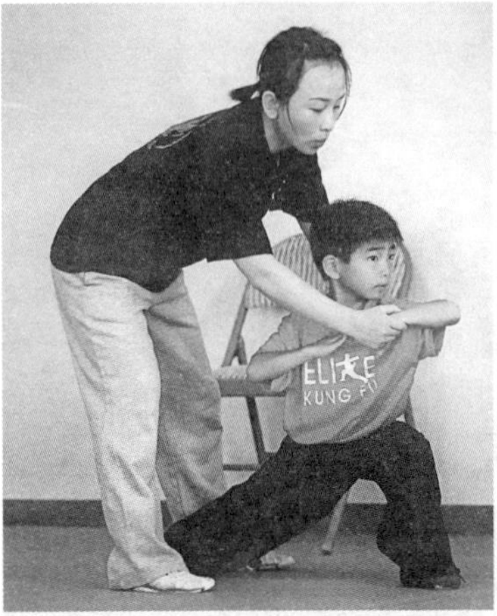

专业的训练方法指导。为此，我在旧金山湾区菲蒙开办了精英武术学院，这是一所专门培养武术精英的专业武术训练馆。我从在中国读大学期间开始从事武术教育到美国教授武术已有20年了，曾经教过上千名学生，来美国的时候我的梦想是能教出美国的世界冠军，这个梦想于2018年7月终于实现了：在巴西举行的第七届世界青少年武术锦标赛上，我们精英武术学院三名小将代表美国队获得四个冠军：曾嘉豪（获长拳、棍术两项冠军），周安言（获剑术冠军），郗雨琪（获长拳冠军）。我在旧金山湾区开了武馆后，又遇到了志同道合的武术合作伙伴，我深深感谢韩晓敏教练（毕业于上海体育学院武术专业）和Stephanie Lim教练（现役美国武术国家队专业武术运动员），我们三人为了打造一所专业现代竞技武术馆这个梦想一起努力奋斗，已经培养出三名世界冠军，这离不开我们优秀的教练团队共同努力，而且鼓励孩子们参加竞技武术比赛对孩子们的品格培养有一定的帮助。竞技场上，胜者欢呼雀跃、笑容灿烂；负者垂头丧气、神情落寞，体育比赛带给人们的情感冲击直接而强烈，这一点在青少年身上表现得更加淋漓尽致。”

高婕表示，实际上，武术比赛无论输还是赢，都是一个人成长过程的经历，都会有人生的收获。许多人把体育武术比赛的过程比作浓缩的人生，高潮与低谷、顺境与挫折，短时间内可以体验人生百味，有利无弊，对于今后的成长更有益处。在我们武术教练眼里，练武不仅能壮筋骨，还能调感情、强意志，这是人格教育的最好方式。

（2019年4月13日）

袁祖谋：在巴黎开创“手搏”

现代“手搏”创始人袁祖谋老师积极响应“全民健身日”——“健康中国　你我同行”以及国家关于优秀传统文化进校园系列活动号召，在郝凤岭、吴鸿德、周中福三位老师的协调下，近日在百忙中欣然应邀从法国巴黎来到上海大学，为暑假期间的大学生悉心传授“手搏”技艺，为优秀传统文化在高校的传承和普及奠定了基础，圆满达到了预期的教学培训效果。

2019年7月29日至8月1日，徐春毅、申亮、孙敏三位老师和武术队10名队员及太极静修堂几位教练一起，参加了为期四天的全封闭式“手搏”培训，每天上午和下午两个培训时间段共计6个多小时挥汗如雨，年逾八旬的袁祖谋老师亲力亲为、言传身教，毫无保留把自己60多年的习武心得和“手搏”技艺倾囊而授：从基础动作教起，“手搏”倒地后的自我保护技巧，如落地滚翻等，交手对抗时如何闪展腾挪，摔跤的基本技术方法，“手搏”36技法的实战运用和套路演练，如何将太极推手的沾粘连随运用到实战中以及

手搏的规则，让大学生武术学员们大开眼界，收获满满。袁老师声情并茂的讲解示范和多种辅助教学手段、方法恰到好处的综合运用，也为今后高校武术教学和训练提供了非常好的借鉴、参考。

现代“手搏”是由侨居法国的袁祖谋先生首创的现代体育运动。“手搏”一词出自中国汉书。即徒手相搏，是踢打摔拿的综合应用。

8月9日，袁祖谋在沪接受媒体记者采访时说，手搏是武术，也是技击运动，其中包含拳、脚、揪拿、闪避与摔法。

袁祖谋老师创建现代手搏与他的经历有密切关系。他是20世纪50年代上海体院预科摔跤班学生，六七十年代中国著名的摔跤运动健将、优秀教练员。他于80年代后期移居法国，90年代起在世界文化体育交流中心巴黎开创“巴黎市长杯中国式摔跤国际邀请赛”，连续举办了13届，规模一次比一次大，深受法国人民喜爱。袁祖谋走出国门，将中国式摔跤推上了国际竞技舞台。

他又被人们誉为现代“手搏”创始人。

进入21世纪，袁祖谋先生与时俱进，为进一步开拓中国式摔跤发展空间，他以中华武术“不以粗野和蛮力相搏，以巧制胜，快速潇洒”的竞技理念，创新发展，将中国跤术与散打结合起来，推出“手搏”运动，接着又以太极拳“以柔克刚、刚柔相济”拳理为基础，将太极推手融合跤术竞技，推出更适合大众锻炼的“相搏”运动。

历经三十多年与世界竞技武术爱好者共同探讨与实践，袁祖谋先生推广的这一项目，逐渐形成一个以中国传统文化为内涵，以中华武术摔跌技为技术基础的“相搏·跤术（中国式摔跤）·手搏”体

系，即现代手搏运动。

现代手搏运动是袁祖谋先生六十多年对竞技武术的执着追求，跨越中西两地职业实践结出的果实，目前正以巴黎这一国际平台为中心，向世界各地推广，方兴未艾。

现代手搏运动理念源于中国，技术源于中国，正努力打造成为世界武道竞技精品。袁祖谋表示，他虽然身在海外，仍心怀祖国，十多年来一直在探索回归之路。他前几年应邀在上海体育学院的教学培训受到了师生们的热烈欢迎，证明了现代“手搏”运动在中国的生命力旺盛。

他说，将源于中国传统体育的竞技项目推进奥运会，是实现中华民族伟大复兴，实现强国梦的重要内容。二十多年来武术入奥运历经磨难，国内武道运动已被舶来品占据。他认为，现代“手搏”运动要回归，作为大众的一项竞技与健身运动，贯彻落实国家一带一路战略，加入弘扬中华民族精神的行列，开拓新的适应时代发展的武术竞技市场！

（2019年8月10日）

陈桂学：五代传承鹰爪功绝学

国家级非物质文化遗产鹰爪翻子拳第四代传承人陈桂学，如今奔波在传播鹰爪拳、弘扬精武文化的征途上，刚从上海、佛山返回居住地，他想起了祖辈的辉煌，思考着明后年的传播计划……

辉煌历史在延伸

曾被誉为“鹰爪王”的陈子正（陈桂学曾叔祖），与少林门赵连和、螳螂门罗光玉、太极门吴鉴泉，并称“精武四大名师”。他，神目利爪，功法杰出，被上海精武体育总会委以重任，演绎出风云激荡的精武故事，大江南北留下了他传播精武文化的足迹。作为陈子正后人，上海精武体育总会鹰爪翻子拳总教练陈桂学如今深感责任重大！他是雄县人，鹰爪翻子拳第四代传人。1985年，他25岁时撰写的文章《鹰爪连拳》在《武林》杂志上发表，引发“地震”：陈桂学的家乡——河北省保定市雄县李林庄村一下热闹起来。天南海北的客人涌入此地，前来拜师学艺。家里墙上镜框里那一张张泛黄的老照片，诉说着尘封的故事，记载着过去的荣耀与光芒。有三张照片被公认为鹰爪翻子拳发展与传承的最好见证：第一张照片是鹰爪翻子拳的创始人陈子正，陈桂学的曾叔祖——他跟随他的舅父刘成有先生练武，后来到上海，在上海的精武门任武师。他把毕生所学传给了他的侄子陈国庆，也就是陈桂学的爷爷。第二张照片是陈桂学的爷爷陈国庆。日本侵华后，陈桂学的爷爷回到故乡，继续传承与发扬鹰爪翻子拳，他还是一位很好的画家与外科医生。第三张照片比较有代表性，由中国武术博物馆（上海体院）收藏，正中央是陈桂学的爷爷陈国庆，旁边是他的父亲，然后是他。一张照片祖孙三代人，三代鹰爪翻子拳的传人，见证了鹰爪翻子拳几十年的传承。

晨起练，勿失传

因出身武术世家，自幼受家庭的熏陶，陈桂学7岁起便随祖父陈国庆、父亲陈正耀习练鹰爪翻子拳。“人不受折磨不能成佛。”陈桂学自小练武时，爷爷陈国庆就常跟他说这句话。从他记事起，每天天不亮，爷爷陈国庆就会叫他起来练基本功，踢腿、压腿、基本拳……爷爷总是跟他念叨，“好好练，别到时候失传了。”陈国庆教拳时很严格，若练习不精，陈桂学也要受罚。爷爷会让他蹲马步，自己数数，数到好几百是常事。练到快20岁时，有一天，爷爷突然问陈桂学，“你知道你练拳时像谁吗?”陈桂学摇头，爷爷的答案是，像陈子正。祖父对陈桂学的训导是“出类拔萃”“鳌里独尊”，陈桂学铭记祖训，习武更加刻苦、认真。他在对该拳术深刻理解的基础上，充分发挥自身特长，形成了“稳、准、狠、快”的个人拳术特征，把鹰爪拳“出手入手紧扣手，即使神仙也难走”、

“交手容易松手难，心窝撩阴对眉间，高不架，低不迎，全凭落式正居中”的要领发挥得淋漓尽致。武艺亦是做人。陈桂学沿袭传承的不仅是技法，更是一种精神。修身、爱国、自强、有为，这是陈氏的家风。“把精武精神传承好！大力弘扬中华传统武术文化”，是陈家鹰爪门几代人的使命和追求。

崇尚精武，传承武学宝藏

如今，鹰爪翻子拳传人陈桂学桃李广布，这和陈桂学热心培育学员与后人有着密切关系。陈桂学武馆正墙上挂着一幅字，“武术世家鹰爪翻子之根本，崇尚精武，德艺双修育后人。”1987年，陈桂学受邀出任襄樊市武术协会副主席兼副秘书长，在襄樊举行的省级武术比赛中任仲裁；1997年，又被河北武术培训学院聘为名誉院长；1985—1996年间，陈桂学先后赴山东、湖北、福建、湖南、云南、江西等地做武术指导。在山东期间，跟随陈桂学习练者有千余人，其中学有所成者百人，遍布山东半岛，其弟子郑明京、郑思华、李其军等人参加了在潍坊举行的全国武术比赛，分别荣获传统项目第一名，对练、器械第一、第二名。2008年，鹰爪翻子拳被认定为国家级非物质文化遗产，陈桂学的父亲陈正耀被确认为该拳国家级代表性传承人。2014年8月，“第十三届世界精武武术文化大会”在上海虹口精武体育馆隆重举行。霍元甲、农劲荪、陈公哲等的后人们在“精武先贤后人座谈会”上再续前缘。精武宗师霍元甲的曾孙霍自正、首任会长农劲荪的孙子农晓荪、孙女农梦娜、陈公哲的儿子陈哲明、“鹰爪王”陈子正的曾侄孙陈桂学、查拳名宿李汇亭的外孙刘元、“亚洲毒蛇”郑吉常的侄子郑沙坚、“南拳之王”周士彬次子周樑华等齐聚申城，共商新时期精武发展之路。2018年第十五届世界精武武术文化大会上，58岁的陈桂学带领雄县世纪城武术学员，与来自17个国家和地区的34支代表队、466名世界精武会员齐聚浙江余姚，与众多武友切磋交流。雄安精武健将们发挥

“鹰爪翻子拳”独特的功法，力挫群雄，取得了12金8银的骄人战绩。至今，随陈家学习拳术的学员约有万人之多，分布全国20余个省和地区，另在海外10余个国家拥有学员，他们远隔重洋，却保持着紧密联系，分别以不同的方式继承和发扬着鹰爪翻子拳这一优秀的国术。

普及拳法，著书立说，传承华夏武德

除了亲自教授鹰爪翻子拳，陈桂学还致力于面向大众推广普及武术文化。他先后在《大众日报》《武林》《中华武术》《武魂》等期刊发表文章，介绍武林人物、名拳发掘、武术知识等，提高了社会对传统武术的兴趣。1984年，陈桂学协助祖父陈国庆整理了《鹰爪翻子拳》一书，后由河北人民出版社出版；1987年，受湖北师叔黄立士邀请，陈桂学赴湖北武汉、襄樊等地传艺；1996年，陈桂学在电视《疯狂黑蝴蝶》中担任武打设计，后由中央电视台播放；

1997年，陈桂学回河北协助父亲陈正耀指导来自美国、日本、希腊、加拿大、澳大利亚等国的外籍学员，同时教导河北精武学校学生；2007年，陈桂学协助父亲陈正耀整理了《鹰爪拳》一书，后由中国公安大学出版社出版，截至目前，他还独自整理完成了《鹰爪拳》之二，已经到了准备出版阶段。此外，陈桂学还参与了小说《鹰爪拳王》的创作。从青葱少年到双鬓白发，作为鹰爪功第四代传人的陈桂学已经与“鹰爪翻子拳”共同走过了59年的日日夜夜。他武功精进，一招一式都精妙有力。他带徒传艺，呕心沥血，为中国精武传承培养人才。他还多次走上国际舞台，与世界各国精武人才同台竞技，交流发展，让“鹰爪翻子拳”被世界所认识，弘扬了中华精神，传承了华夏武德。

“鹰爪王”威震全国

陈桂学的曾叔祖鹰爪翻子拳创始人陈子正自幼好武，得少林拳、翻子拳、岳氏散手、鹰爪擒拿法之精华。擅鹰爪拳，被人誉为“鹰爪王”，并被誉为“一代国术大师”。当时，著名的爱国武术家霍元甲在陈其美、农劲荪的帮助下创办了上海精武体操会（精武体育会的前身）。1919年春，上海精武会和上海名流黄任之、穆籍初、陈公哲、卢伟昌、姚蟾伯等人，函电相邀陈子正去上海精武会任教。1921年，陈子正去香港传艺，一下车便听说一自称“天下无敌”的德国大力士“艾茨坦尔”摆擂，挑战中国武术，声称中国人是“东亚病夫”、中国武术不堪一击，在擂台上已打伤许多中国人。陈子正愤怒不平，带领弟子前去打擂，施展鹰爪手法，几个回合便将德国大力士摔下擂台，七窍流血，气绝身亡。“鹰爪王”也因此而得名，名传全中国和东南亚。1922年，陈子正应邀去新加坡精武分会传艺，到新加坡不久，就在擂台上用半个回合，击败一英国拳术名家，被授予“印度尼西亚短剑”一把，剑上刻有“中国拳王”字样。1927年，为支持北伐革命军，陈子正将其胞侄陈国俊、弟子刘法孟等42人派往黄埔军校及几支军队中，出任教官，教习官兵近身搏击的鹰爪拳法。1931年“九一八”事变后，陈子正看到山河破碎，国难深重，忧愤万端，在焦灼和苦闷中于1933年7月病逝于北平（今北京），终年55岁。如今，他的塑像，与霍元甲、农劲荪、陈其美等19位精武群英永远伫立在上海精武公园。鹰爪翻子拳如今在陈家代代相传，并发扬光大，远播国内外，让世人瞩目。

第五代传人，后生可畏

1989年，陈家出生了个大胖小子，起名陈承禹（陈桂学之子）。正在家乡办精武学校的爷爷陈正耀非常高兴。陈承禹刚刚蹒跚学步时，爷爷从房上竖下一根绳子，套在孙子的腰上，转他。练不头晕，练胆量，练体力。两三岁时，因为家人多有习武习惯，陈承禹好奇地也跟着练，伸胳膊踢腿，爷爷陈正耀就循循善诱，从小灌输精武精神，并鼓励他：“看你的叔叔，一定要考上武术高校。”上学后，练武成了陈承禹生活中不可缺少的一部分。不仅伴着陈承禹走进体育大学，练武磨炼出坚强的意志和家国情怀；还激励他学业有成后毅然走进警营，成为“蓝剑突击队”的一名狙击手。爷爷陈正耀去世后，其晚年在雄县开办的武术馆，由小禹父亲陈桂学接任馆

长，继续教拳。已经参加工作的陈承禹也承袭家传，成为“鹰爪翻子拳”的第五代代表性传承人。五代英豪，百年精武传承，报效祖国，不忘初心，牢记使命，永远是“鹰爪翻子拳”几代传人不变的心声！

（2019年8月23日）

瞿荣良：10 万弟子与“龙拳”结缘

近日，龙身蛇形太极拳创始人瞿荣良在浦东新区外高桥保税区“龙拳”总部欣然接受了媒体记者采访。

今年9月底，新的龙身蛇形太极拳馆将在高桥古镇举行开馆仪式；而坐落在陆家嘴金融区中粮海景壹号的“龙拳”传承基地，则将打造成为龙太极健康新理念的高地；明年上半年，坐落在江苏太仓的龙太极村也将建成对公众开放。“让龙身蛇形太极拳成为海内外拳友喜欢的健身项目，成为了解中国传统文化的窗口，我非常愿意做这方面的传播者！”瞿荣良表示。

瞿荣良为人低调，温和谦让，然而，他的龙身蛇形太极拳近年来却如滚雪球越滚越大。据不完全统计，自2011年创拳至今，海内外习练龙身蛇形太极拳者达10余万人，并不断发展壮大队伍。其魅力究竟何在？

探究“龙拳”之源流

龙身蛇形太极拳并非是创始人瞿荣良先生凭空所编，其历史可追溯到最初的杨式小架，杨式小架至今已有150余年的历史，以龙走游蛇、蜿蜒曲折、绵绵不断的形式特征著称于世。瞿荣良创立的龙身蛇形太极拳由杨式小架、全佑老架衍生而来，风格独特，拥有良好健身功能，兼具艺术观赏性和较强的技击性。

作为近几年来新兴的龙身蛇形太极拳，继承了“太极阴阳为基础，由无极至太极，由无相而生有相，由静而生动”的拳理，每一招式都阴阳相合，虚实、刚柔、动静互为一体。相比于其他拳路更加饱满丰富、拳式更加柔软圆润，将思想性与运动性形成有机结合。

高桥少年结缘太极

瞿荣良于1962年出生在三面环水、江海交汇的浦东新区高桥镇。在20世纪前半叶，高桥镇有着浓郁的习武风气，瞿荣良先生也自小习武。他创编龙身蛇形太极拳并不是一蹴而就，而是通过继承了先师的传统精髓，进而由自身修习提炼出知行合一的龙身蛇形太极拳。

清代武学家杨露禅先生将太极拳传入京城，使太极拳渐渐享誉海内外。而这位太极拳一代宗师亦是龙身蛇形太极拳所能追溯到的最早人物。杨氏宗师杨露禅将其太极拳技艺亲授全佑（满族）、凌山（满族）、万春（汉族），命此三人拜其子杨班侯为师。经过数年苦练，三人各有所长，其中全佑长于柔化，逐渐形成了全佑老架的风格。而全佑祖师又将其所学所得教授于弟子常远亭，常远亭子常云阶深得其父所传，将全佑老架之精髓融会贯通，并传入浦东，瞿荣良的师傅——马殿臣老师便是常先生的得意门徒，得到了全佑老架的真传。为了纪念先师常云阶先生，马殿臣先生将其命名为“常式太极拳”，马先生常年在浦东十八间地区传授太极拳，一次偶然的机会瞿荣良与他结下武缘。一开始，瞿荣良并未对马先生的太极拳感兴趣，认为太极拳绵柔无力，对于意气风发的他来说毫无技击性，而在与马先生尝试对手之时，他却体会到了如水般变幻莫测的拳路，极柔极刚之劲深深地吸引了他。自此瞿荣良刻苦钻研，40多年如一日习练，在学习祖师的全佑老架基础上，将自己原先的心意拳融汇其中，再加以中医经脉理论，从优秀的传统文化中取其精华，最终形成了独具一格的演练风格与太极拳理论，也就是如今的龙身蛇形太极拳。

采百家长，创自家拳

瞿荣良先生祖辈曾活跃于上海十六铺码头，世代秉承习武传统，因此他小时候就开始习武，17岁时跟随上海散打队总教练王琪中老师学习心意六合拳，再随黄木林老师学习武式太极拳，后随唐云才老师学习陈式老架和杨式小架及吴式太极拳，更蒙常式太极拳传人马殿臣老师精心传授已近失传的太极十三式。另外，瞿荣良先生幸得青城山道长授其推手，并将太极推手的原理运用在其独创的龙身蛇形太极拳中，使得龙身蛇形太极拳的劲架具有极强的技击性和攻防特点。武术前辈蔡龙云、王培锟、曾美英、冯如龙老师等名家均给过其悉心指点。瞿荣良先生勤奋好学，坚持每天习武，功底日见深厚。他常说：“一日练一日功，一日不练十日松”，也就是平时练，急时用，平时松，急时空之道理。他40多年如一日，拳不

离手，潜心以求，博采众家之长，其谦虚醇厚的品德和高超的武艺深受国内外太极拳等武术专家及武术爱好者好评。

无论是在上海精武体育总会，还是在许多大学体育馆内、陆家嘴社区辅导中心等地都曾留下瞿荣良认真教学的身影，我曾随他到训练场地观摩，他对学员耐心细致、一丝不苟，几个小时下来仍精力充沛，让人敬佩。

这与他长期养成吃苦耐劳的习惯有关。在20世纪70年代，年幼的瞿荣良先生即跟随马殿臣老师学习常式太极拳，瞿先生吃苦耐劳、毅力顽强的精神深得马殿臣老师的喜爱与器重，因而马老师将“龙走蛇游、旋转折叠、神意充沛、起伏绵柔”的精髓悉数传授于瞿荣良。在老师口传身授的基础上，瞿荣良先生悉心领会研究，与此同时还与其他太极拳拳理、拳法、拳架相互印证，并结合心意拳、形意拳的特点，进一步突出了太极拳的用法。在不断演练和钻研的过程中，瞿荣良也发现，在当代社会习练太极拳的人群主要目的在于锻炼身体，有鉴于此，他有意识地将中医经络理论运用到了创拳中，在柔化中注重运用内气、内劲、活络筋骨、疏通经络，以达到养生的目的。他将全佑老架、常式太极拳的套路进行变革，在演练过程中不断探索新的练法，渐渐形成了自己较为独特的太极拳演练方法，其拳架时而方正、时而柔软、时而刚劲，变幻莫测。

瞿荣良告诉记者，他经常到长江边看潮涌，他绵绵不断的“涌劲”就是因此产生。他在40多年的太极拳练习过程中，以全佑老架龙身蛇形演练形态为核心，研究发展并最终确立了龙身蛇形太极拳，并整理、发展出三种不同的演练套路，即基本架、柔软架、劲架。基本架拳架威严、端正、棱角分明，有很好的观赏性、艺术性和竞技性。此练法有利于初学者能够由浅入深地领会龙身蛇形太极拳的基本纲领。柔软架则是充分体现了龙身蛇形太极拳“柔化”特点，其独特的腰椎运动方式，真正体现了太极拳“节节贯穿”的运动特征，也是对极难掌握的“含胸拔背”技术要领的完美阐释。劲架具有极强的攻防意识，其练法来源于用法，不但具有龙身蛇形之柔美，还兼有心意拳之力量和速度。

他带出了一大批“龙拳”教练

2011年9月27日，龙身蛇形太极拳培训班在上海精武体育总会开班，对34名学员进行3个月的严格训练，结业考试只有14人获教练证书。有幸成为第一批“龙拳”教练的雷龙兰说，瞿老师非常认真，学员如有技术动作没做到位，他就会不厌其烦，反复教练，直至做好为止。严师出高徒！第一批学员骨干又带动各社区3 000多人练起了“龙拳”，以后这一大批人又带动了更多的人练习龙身蛇形太极拳。

2012年底，龙身蛇形太极拳走向了全国各地，传播到全国大学生之中，通过时任中国大学生体育协会民族传统体育分会秘书长苏长来力推，“龙拳”正式成为训练与比赛项目。

如今在外高桥“龙拳”总部当教练的徐冠楠感慨地说起与“龙拳”结缘的过程：“我当时还是上海海事大学学生，在‘2013年中国大学生武术锦标赛’的赛场第一次接触龙身蛇形太极拳。当时龙身蛇形太极拳创始人瞿荣良向全国优秀的裁判员、教练员、运动员展示了这套太极神拳。瞿老师惟妙惟肖的现场表演，真的有龙和蛇完美合体的韵味。由于时间有限，我只是浅浅地学了套路动作，但是还有许多动作无法理解和做好。之后在瞿老师的指点下，不仅问题迎刃而解，还学到了一些新的练法，有一种豁然开朗的

爽快。第二年，我有幸荣获‘2014年中国大学生武术锦标赛’男子甲组龙身蛇形太极拳第一名”。

“人们与龙拳结下了不解之缘，并深深爱上龙拳，是因为可以带来健康与快乐！”为了便于普及推广、更广泛传播“龙拳”，瞿荣良于2017年1月又创编了龙身蛇形太极拳五行功法，由起势、手挥琵琶、提手上势、白鹤亮翅、如封似闭、玉女穿梭、收势七个动作组成。这是结合中医五行学说与经络理论，凝练龙身蛇形太极拳之精华而编创的简易套路。它注重阴阳、动静、虚实、内外相合，强调气息、意劲的顺达，简便易学，老少皆宜，可单练、对练、群练，还可坐着练，因此很快在上海各区流传。目前全市50个“龙拳”辅导站和一些学校、医院、商圈、机关单位、社区等都可见习练者身影。从2017年1月至2018年8月，已经有2万多人练习五行功法，提高了身体素质。

瞿荣良现任中国大学生体育协会民族传统体育分会副主席、上海浦东龙身蛇形太极社理事长、中国武术七段。2014年6月，瞿荣良被上海市浦东新区文广局命名为非遗项目“传统体育　龙身蛇形太极拳”代表性传承人。

截至目前，全国共有180个龙身蛇形太极拳辅导站，其中上海有50个，全国各地及海外共有10万多人练习。

辛勤耕耘，硕果累累

自创立龙身蛇形太极拳以来，瞿荣良2011年在文汇出版社出版发行《龙身蛇形八十五式太极拳》一书，2012年在文汇出版社出版发行《龙身蛇形太极拳竞赛套路》一书。他还开设各类培训辅导班、站：2013年首期上海市高校《龙身蛇形太极拳》骨干教师培训班在复旦大学举行；2015年龙身蛇形太极拳列入当年全国高校武术教练员培训班课程，在复旦大学体育馆进行培训。2017年11月，瞿荣良被评为首届“中华武魂传播使者”人气奖。

（2019年8月22日）

丁裕春：50余年重振江南船拳

2019年7月28日下午，江南船拳第四代传人丁裕春首次收徒仪式在上海市青浦区江南武术院举行，不收礼、不跪拜，进行武德教育，扬武术界新风。

15名徒弟还进行了船拳演练，最后丁裕春老师当众表演了船拳和桩功，他身手矫健，动作快捷，身稳步坚，大力士都无法撼动。

船拳历史悠久。在江南水乡，船头仅有卧牛之地，闪、展、腾、挪，无论出拳弄械，快速敏捷，皆需要深厚功底！

追本溯源，船拳最早跟古代水战有关。由于船头仅有不到两平米的地方，打船拳时只能以稳固的下盘控制摇晃的船身，在快速、

短小的动作中亦攻亦防。低架小巧，快速紧凑，这是江南船拳的特点。如今丁裕春已整理出梅花拳、牛角镗、木梳等多套相关拳法。丁裕春还特意开设普及班和武术器械博物馆，让喜欢武术的成人和小孩子认识和了解船拳。

在收徒现场，丁裕春接受媒体记者采访时说："我花了50多年的时间收集、整理和研究船拳资料，把江南武术院当作船拳研究和传承基地，一方面培养接班人，另一方面普及船拳的武术文化。"丁裕春还告诉记者："我与女徒弟安静已经商定，她教我古琴，我教她船拳，尝试把古琴与船拳相结合，共同演绎璀璨的中华文化！"

兴致勃勃的丁裕春还谈起了"江南船拳三进北京城"的往事："第一次是在1983年，我应邀参加国家水利电力部组织的'引滦工程'武术慰问团，先在上海师范大学集训，后赴京集训。当时由上海市武协主席顾留馨任领队，上海体育学院副教授王菊蓉、上师大武术教师张福云任教练。学员有来自于浙江的计春华（《少林寺》电影主演之一）、山西太原的翼天成（《杨家将》电影"杨七郎"扮演者）、上海的丁裕春、陶光文、苏黎献、赵阳（《天下第一剑》电影主演）等人。"当时江南船拳首次在北京及沿途得到了传播，振奋人心！以后他又进京表演了一次。2017年11月初，国家电网等

举办“离退休老同志欢庆十九大文化成果展”，75岁的丁裕春第三次进京，他手持牛角镗与精武会刘元、张建方、郑明章和翟成亮一起，在各地观众面前，演示了一套集拳、械和对练于一炉的武术节目，生动展现了上海市非物质文化遗产项目《船拳》。

“绝不能让江南船拳在新生代失传，我们肩负着振兴中华武术和传统文化的使命，要让船拳代代相传，还需要更加努力去奋斗！”丁裕春老师的话掷地有声！

船拳简介：船拳是在船头演练的武术套路，具有浓郁的江南水乡特色。船拳距今约有300余年历史，追溯渊源，乃南派少林的一个分支拳系。它兼收各派之长，改长拳为短打，自成一脉，形成了似南拳又非南拳的风格。由于船拳有强身、护体、御敌的功能，曾经深受江南一带船工青睐。但随着内河船运业和商业的衰落，船拳一度面临失传的危机。

（2019年7月28日）

邹国樑：早产儿逆袭成全国冠军

如今，上海报业集团太极拳总教练邹国樑老师每周应邀要带7个太极拳班级，教6门不同的太极拳、太极剑。他接受媒体记者采访时说："虽然感到有点累，但是看到有这么多的干部群众热爱太极拳，习练太极拳，我心中由衷地感到高兴。"在帮助人们掌握太极拳健身方法的过程中，他不仅充分享受到了健康生活的美好，而且获得了人生最大的快乐。

今年5月24日下午，首届上海新闻界太极拳友谊赛在上海报业集团大厦43楼罗马厅成功举行，来自上海报业集团、上海广播电视台、东方广播中心三支队伍近百名太极拳爱好者参赛。作为此项活动的组织者之一、上海报业集团太极拳教练邹国樑可谓做了一件造福新闻界记者编辑的大好事！

上海精武会员、中国武术六段邹国樑作为上海报业集团的老报人，对于太极拳的钟爱程度可谓到了极点，他在新闻界记者编辑人群中传授太极拳的认真劲儿可谓出了名，他也曾经担当全国武术比赛的特邀记者，还担任过新民网"太极拳"频道特约编辑，为传播和弘扬武术文化作出了不懈的努力。今年上海报业集团成立精武辅导站，他不仅倾注更大心血，悉心传授太极拳，而且，他开始考虑如何把百年精武文化与新闻界企业文化结合起来，发扬"爱国、修身、正义、助人"的精武精神。如今，上海新闻界一些记者编辑利用业余时间练太极已成为"常态"，太极拳是养生拳、智慧拳这一理念得到了记者编辑们普遍认可。

邹国樑老师今年72周岁，学练太极拳已有40多年拳龄。他于2005年在文汇报社退休，却迄今“退”而未“休”，仍在太极拳园地辛勤耕耘。上个月，文汇报一位老领导见到他，翘起大拇指，夸邹老师身体越来越好了。2007年下半年，在新民晚报官方网站新民网领导支持下，邹老师受邀担任该网站特约编辑，专门编辑新民网“太极拳”频道内容。

邹国樑是一个太极拳运动的受益者。因为是早产儿，所以他一生下来很瘦小，弱不禁风，小学时生过肺结核病。20世纪60年代，他在部队野战医院服兵役时感染了重症急性肝炎，当时他处于昏迷状态，差点送了命。回到上海，他先是在一个大型工厂里当厂长秘书，并编厂报，经常加班，通宵达旦工作。长此以往，他的身体变得十分虚弱，甚至整天眼冒金星，连过马路也心慌，虽经医院反复检查也无结果。1973年在他舅舅推荐下，邹国樑开始每天黎明即起，到公园学练太极拳，当时他初学的是杨式太极拳传统套路，全套共有85个动作。经过三个多月的学习，邹国樑的头晕毛病竟然不治自愈了。这无疑增强了他的信心和兴趣。后来邹国樑又遇到一次极好的机会，市化工局派他到市体育宫参加由市总工会组织的全市太极拳辅导员学习班，进修学习了国家体委组织编创的太极拳和太极剑套路，指导老师是上海著名的专业教练周元龙老师。他非常珍惜培训机会，学得很投入。早晨五点多起来，从镇宁路乘电车到人民公园旁的体育宫上课，下课后

邹国樑老师练太极拳

邹国樑老师与新闻记者编辑学员一起练太极拳

还要马上赶一个多小时公交车到吴淞张庙上班。当时在培训班中他还属于年轻的学员，指导老师说邹国樑拳架子练得不错，勉励他要认真刻苦练习，持之以恒，将来必有收获。2003年，邹国樑赴郑州参加了我国太极拳名家陈正雷主持的陈式太极拳剑高级培训班，这使他的陈式太极拳取得长足的进步。邹国樑遵循老师教诲，40多年来不管工作、学习和家务多忙，坚持练拳不辍。

功夫不负有心人，邹国樑的健康状况越来越好，因此工作和学习效率都很高。1985年，邹国樑调到文汇报社担任电脑中心主任，开拓电脑在报社中的应用工作，他凭借健康的体力和精力，夜以继日地工作，在大家努力下，他主管的文汇报电脑中心获得上海市科技进步二等奖和国家新闻出版总署颁发的先进集体称号。

自20世纪90年代初开始，邹老师经常参加武术比赛，曾获得上海市太极拳比赛第三名，太极剑第二名。2000年，他第一次参加全国性的太极拳比赛即获一等奖。他后来又得过一次全国太极拳比赛的冠军（成年组）。通过比赛，提高了拳艺水平，开阔了眼界。每次去外地参加重要太极拳比赛时，他都得到文新报业集团领导支持，兼作记者采访工作，为集团主要报纸采发比赛的相关报道。2001年，他去海南省三亚市参加“首届世界太极拳健康大会”期间，他先后为《文汇报》《新民晚报》等报纸刊发了九篇报道和照片，因此还得到国家体育总局武术运动管理中心和中国武术协会的专函表扬。他采访报道了许多武术名家和不计其数的普通太极拳习练者，给人们以深刻启迪。

邹国樑不仅传播武术文化，还以传授太极文化为乐。20多年来，邹国樑一直在文汇报及文新集团以及现在的上海报业集团当太极拳教练，先后举办了十几期太极拳、太极剑培训班，约有300多人次接受了邹老师的培训和指导。早在2007年，他就被中国武术协会授予“中国武术六段”。退休后，邹国樑老师的太极拳业余爱好变成了他的“专业”。邹老师认为，退休是人生道路上的重要转折点，有了可以自由支配的时间，可以干自己喜欢做的事情。邹国樑的兴趣爱好非常广泛，而太极拳运动却是他的第一爱好，各项活动几乎全是围绕着太极拳在做“文章”。

近十年来，邹国樑老师应邀在上海市老干部大学、上海师范大学老年大学、上海警备区司令部、新华社上海分社、静安区南西街道社区学校、静安区人民政府、上海市老新闻工作者协会和东方广播中心等处担任太极拳教师，传授太极拳、太极剑和太极拳养生功等。由于邹老师倾心倾力认真教学，善于将理论知识和实际操作结合起来，因而受到太极拳学员们普遍认可和欢迎。

（2017年8月7日）

中外武林新秀实录

伯克利李奎妮：练武可以培养自信

2018年3月24—25日，在加州大学伯克利分校举行的第26届中国武术锦标赛上，加州伯克利大学一年级学生李奎妮（Queenie Li的谐音）荣获南拳、刀术和双节棍第一名（金牌），并获女子成人组全能冠军。“我还没有发挥出最佳水平，需要继续努力，不断进步！”李奎妮在现场面对媒体记者说。

李奎妮出生于美国，在加州旧金山湾区成长，她目前在加州大学的研究方向是自然科学及环境保护。她多才多艺，擅长于中华传统武术、中国民间舞蹈、绘画和折纸。

李奎妮热爱武术，勤奋好学，她从2015年3月起至今已经十多次在国际性武术锦标赛中获得优异成绩。

李奎妮幼年时非常害羞，又因身型矮小，在幼儿园和学校经常受到别的孩子欺负。为了培养她的自信心，她五六岁时被妈妈送去学习体操和舞蹈。小学一年级暑假时，她去中国参加了一个为期两周的暑期武术班，开学以后，学校里一个小男孩继续欺负她，还扬言他会跆拳道，并一把揪住她的头发，小李忍无可忍，两人“比试”起来。结果，那个男孩被比他矮一头的小李压在地上不能翻身。很多被这个男孩欺凌过的同学欢呼雷动，此事还惊动了校长。作为“胜利者”，她收到了一张警告的小白条，好在班主任告知她那个男孩是个麻烦的事端“制造者”，李奎妮不应该受到责备，她收到小白条仅仅因为她赢了。从此在学校里，那个小男孩再也不敢欺负她和她的同伴了。10岁那年，有个周末，小李去图书馆表演舞蹈，适遇武术队也在那里表演节目。她回家后要求学习武术，妈妈经过再三思考，就答应让她试试，并与她约法三章：第一，要学就要认真学习，好好坚持，不可以三天打鱼两天晒网；第二，不可耽误学习，必须学习成绩全A；第三，学习武术不是用来炫耀和打架的，只可以用来自卫。小李毫不犹豫一口承诺下来。此后她克服种种难以想象的困难，在武术老师的严格要求下，武艺不断提高。15岁那年，她第一次站在国际性的武术锦标赛上，拿下全部四个参赛项目的金牌……

谈起练武心得时，李奎妮说："练武的过程，能增强自信、自律、自强、自卫，这既是一种正能量，也是一种生活态度！我还需要提高自己对武术文化的认识，坚持不懈，培养自己坚韧不拔的个性，勇于攀登新高峰！"

（2018年3月30日）

华裔刘岳青获世界青少年武锦赛金牌

14岁华裔女孩刘岳青这次在巴西举办的第七届世界青少年武术锦标赛上一举夺得太极剑金牌与太极拳铜牌。来自美国旧金山南湾的刘岳青近日接受媒体记者采访时表示，她还没有充分发挥出自己的武术运动水平，需要进一步提高比赛经验和适应能力！

第七届世界青少年武术锦标赛于2018年7月12日至15日（巴西时间）在巴西首都巴西利亚举行，来自42个国家和地区近700名运动员参赛。锦标赛分为武术套路和散打两大类，其中套路比赛包含长拳、太极拳、太极剑、南拳、棍术、枪术等武术项目，分为自选套路和国际规定套路；散打比赛分为少年组和青年组。刘岳青一人就斩获了一金一铜。刘岳青表示，她首次参加国际大赛获得荣誉感到非常幸运，下一次会表现更出色。

刘岳青的父亲是一位太极拳爱好者。受父亲影响，刘岳青从小就对武术有浓厚兴趣，喜欢观看金庸武侠小说和中国武打电影，并积极参加太极课兴趣班，系统学习太极拳和太极剑，经过刻苦训练，

仅仅两年时间就站到了世界青少年武术锦标赛的领奖台上。刘岳青表示，太极在自己眼中是一项很有气度且很高雅的运动，这是一种刚柔相济的拳术。

刘岳青的教练是太极拳世界冠军邹云建，美国峨眉太极文化学院也是他创办的。邹云建接受记者采访时表示，刘岳青是一个特别刻苦用功的孩子，这次陪同她参赛的最大任务就是阻止她练习，因为教练不喊停，她就会一直练下去。刘岳青的中文基础甚佳，对中华武术文化的理解悟性很高。太极受道家哲学影响很深，是一种张力与平静的融合，也是一种气度的体现，只有将文化深层次的感悟与理解融合到拳法中，才能真正做到“人拳合一，神形体合一”。

刘岳青父母从小就很鼓励她学习中文以及中国文化。刘岳青的妈妈表示，自己曾经是一名教师，孩子虽然身在海外，但希望她不要丢掉中华文化，所以经常带孩子一同阅读《论语》等古文，今年9月开学时孩子将上初三，希望她能够对博大精深的中华文化有更深了解，这对于孩子练习太极拳与太极剑也可以起到更大的促进作用。

（2018年8月2日）

捷克留学生“武博士”凯佳练武记

2016年10月29日，捷克青年凯佳参观上海精武体育总会后，深有感触地对总会接待人员说：“我热爱中国，我爱中华武术！因为是中国的老师教会我武艺！”

凯佳至今已在上海生活了六年，前年在上海体育学院获得武术硕士学位，如今在读“武博士”。凯佳13岁时在捷克跟中国河南来的师父练少林拳，2010年她到上海体院读研学武，如鱼得水，系统学习了长拳、剑术、枪术等，并练习了杨式、陈式、吴式、孙式和

武式太极拳，蔡纲、谢业雷、郭玉成、朱东和赖剑慧等老师不仅教她练武，还教她学习中国文化礼仪。她的男朋友吕凯曾获得全国柔道（73公斤级）冠军和全国中式摔跤亚军，吕凯教会她摔跤后，凯佳每天都坚持苦练，她将于11月4日参加群英荟2016中国普陀国际武术比赛中70公斤级的中国式摔跤项目比赛。

谈到未来生活时，她希望明年在上体读完武术博士后回捷克大学教学生读书练武，并打算在自己家乡开一个武馆，让捷克的小朋友也学习中国武术，强身健体。

（2016年10月31日）

加州彭子玉：全美武术锦标赛夺金

在日前刚刚落幕的全美武术锦标赛上加州女孩彭子玉获得传统太极冠军。

彭子玉现居加利福尼亚州菲利蒙特市，就读于Irvington High School高中，自六岁开始跟随其父、赵堡太极拳第十二代传人、国际武道联盟主席、美国太极文化协会会长彭文大师习练传统赵堡太极拳，潜心学习，刻苦训练，不断进取，至今已经连续七年每年都参加三四次国际武术大赛，其中包括加州伯克利大学国际武术锦标赛，《功夫太极》杂志国际虎爪精英冠军赛，全美国际武术锦标赛，北加州华体国际武术邀请赛等；已陆续获得了十几项太极冠军。

彭子玉热心社区公益，每年都参加各地的社会公益活动，表演传统赵堡太极拳，其拳姿雅静、飘逸如鹤；似行云流水，连绵不断；行拳以中、正、平、圆为基根，以松、静、顺为主导；五行八法贯穿其中，运动“速度”可快可慢、“动作”可大可小，“姿势”可高可低；太极

技艺纯熟程度远超其年龄；同时她也兼修琴棋书画，其钢琴已达国际九级水平，多次获奖并受邀赴洛杉矶等地演奏，其绘画作品也造诣匪浅，曾为美国《功夫》杂志社社长简琪女士画像。在校品学兼优，还曾获得美国总统奖！

彭子玉多次获得冠军后，受到国际著名武打影视明星李连杰和吴京的师父、中国武协副主席吴彬大师的鼓励，同时屡获国际鹰爪翻子门功夫掌门人刘莉莉大师的关爱！

在她成长的过程中还经常得到世界著名武术家赵长军大师的激励和鼓舞！

在上届美国总统大选期间，彭子玉是希拉里接见的年纪最小的嘉宾之一，她亲手赠送《功夫》杂志给总统候选人，为功夫太极的推广传播作出了自己独特的贡献！

（2019年4月8日）

白领尹小群：用心修炼　学好太极

在“精武杯”第十四届太极、传统武术比赛中，很多武术爱好者登台亮相，展示了各自的武术项目。记者随机采访了一位1979年出生的白领尹小群，她与丈夫共同经营一家化妆品公司，虽然是一项带给别人容颜美丽的事业，却不能解决自身的精神和心理上的压力。亚健康状态让她的生活质量逐渐下降。

当朋友聊及太极时，她知道了中国太极文化独特的养生功能，在朋友的引荐下，结识了她的恩师，上海中山公园的孙西超师傅，一位几十年习练太极的前辈。小尹在师傅的悉心传授下，用心练习太极一招一式，钻研太极拳理。在学习太极的路上，她得到了家人的理解和支持，每天早晨从家里到中山公园路程单趟将近2小时，三伏天酷暑难当，小尹顶着40摄氏度的高温，坚持勤奋练习太极。她在习练中体会到太极是最能体现中华民族性格的智慧拳。她也逐步学到了太极心法，通过反复练习太极拳每个招式，调养好气血，改变了自身的亚健康状态。

如今，尹小群已经将太极理念融入她的生活、家庭和事业之中。这次在精武武术比赛中，她与队友一起获得拳械组集体项目一等奖。

（2016年12月6日）

美国武林实录

武术海外教学实习基地的“少林梦”

8月30日上午（美国时间），美国旧金山少林文化中心与中国西安体育学院在旧金山少林总部举行了武术海外教学实习基地合作协议签约仪式。签好协议后，美国少林文化中心执行主任释延然与西安体育学院武术系主任马文国教授的双手紧紧地握在一起。“共同的少林梦把我们的心连在一起，在海外广泛传播中华武术是我们的共同理想和奋斗目标。”这是两位国际武术人的共同理想和坚定信念！

接受媒体记者采访时，美国少林文化中心执行主任延然动情地说，幼年由于看了一部少林电影，就即刻奔赴少林寺练武，成为少林寺第34代弟子，曾任少林寺武僧团教头，出访过全球40多个国家，广泛推广中国传统优秀文化。他于2007年赴美国传播少林文化，秉承师傅“少林文化走出去”的宏愿，在美国东西两岸设立了5家少林文化中心，通过少林功夫表演、教学和大型活动，在美国培养了大批中国武术教练员，吸引更多的美国民众练武强身健体，广泛传播少林文化。中国武术协会常委、陕西省武协副主席马文国也是自幼习武，少年时也到过少林寺，他怀有一颗少林之心，这次与美国少林文化中心结缘，源于他与延然有着共同的“少林梦”和使命感，他们都期盼少林文化能在世界范围内广泛传播！

签字仪式后，旧金山少林文化中心禅医对外服务项目也同时宣告启动。旧金山少林文化中心还增设了中国健身气功课程。

据悉，旧金山少林文化中心成为西安体育学院武术教学海外实习基地后，西安体院将每年选送该院武术专业学生到美国旧金山、硅谷和华盛顿等地区的5家少林文化中心，接受武术海外英语教学培训和实习。实习表现优良者，将有机会在美国受聘为武术教练。同时还可以积累国际教学经验和发挥潜能，增加在国内外从事武术专业工作的经验，为中国武术进一步走向世界作出贡献。

预计明年春节后，西安体育学院首批学生将抵达美国东西两岸的少林文化中心接受英语武术教学培训。同时，少林文化中心将定期邀请西安体育学院武术系教授、专家赴美国进行实习指导。除了日常培训和实习，实习生还可以观摩和参加美国的国际性武术大赛，接受国际武术裁判训练，并体验美国主流文化生活。

据了解，少林“禅、武、医”结合有着悠久的历史，如今旧金山少林文化中心的禅医服务是由已有50多年从医历史的知名中医伤科医师李宁耀担纲。旧金山少林文化中心还将于近期推出由周淑芬老师担纲的健身养生气功课程。

目前，全美5家少林文化中心除了教授传统少林功夫，还传授少林秘笈易筋经、洗髓经、八段锦等多种养生功法。目前美国少林文化中心有少林功夫、少林养生气功和健身气功课程，并将结合禅医服务，推动禅、武、医一体文化，为学生和居民提供更佳的服务，促进美国民众健康生活。

当天现场，美国各少林文化中心的师傅还表演了精彩的少林功夫，李宁耀表演的五禽戏和周淑芬老师表演的大舞等节目引人入胜，博得当地观众阵阵掌声。

“功夫之夜”：“十八般武艺”凝聚“民族魂”

2018年12月15日晚，圣塔克拉拉会议中心灯火通明，由2008年北京奥运武术冠军赵庆建领衔，旧金山湾区近20家武馆师生与中国首都体育学院武术队各显身手，共同演绎了精彩纷呈、令人震撼的视觉盛宴“功夫之夜”。晚上6:30至8:00的“功夫之夜”整台节目让现场900多名观众始终沉浸在欢乐与惊喜之中！

中国驻旧金山总领事王东华特发贺信，加州众议员朱感生特发贺函祝贺。圣荷西市议员Johnny Khamis先生，薩拉托加市议员Yan Zhao女士，费里蒙特市议员Yang Shao先生和北圣荷西学区委员Jeff Tang也分别向“功夫之夜”组委会发来贺函表示祝贺。今年出席“功夫之夜”的嘉宾有：2008年北京奥运武术冠军、2018年“功夫之夜”总导演赵庆建，加州众议员代表，美国山东总商会会长刘磊，旧金山华星艺术团团长何晓佩，北加州华人文化体育协会执行长李竞芬，虎爪集团总裁、功夫太极杂志社代表吴星东，美国RISING RAYS GROUP INC、中国锦升教育集团董事长侯梅，国际功夫道集团主席徐德正，国际武术散手道主席彭文，美国加州大学武术队教练、美国大学生武术队总教练方国轩（Bryant Fong），美国福济基金会联合创始人顾馨，美国腾飞教育集团代表王琪雅等人。

“功夫之夜”至今已举办了五年，而且规模也越来越大。2018年“功夫之夜”活动由美国福济基金会与美国山东总商会联合主办，美国腾飞教育集团及华星艺术团协办。主办方联合了尚德精武

08奥运武术冠军赵庆建在“功夫之夜”活动现场表演刀术和拳术。

学院、少林功夫国际、国际功夫太极学院、美国龙韵少林功夫学院、中国功夫发展协会、少林真功夫学院、飞师傅功夫学院等北加州近20家武馆，将武术、功夫用各自的“独门”方式精彩诠释。从几岁的孩童到年长的60多岁老人同台演绎，从“功夫少年行”到“神武飞腾”，让现场观众在观看舞台上“十八般武艺”时领悟了“功夫魂”的深刻含义。铿锵有力、整齐划一的“集体拳械”震撼全场，台上“功夫英雄”用肢体语言生动演绎了武者以“武德”为本、自强不息、厚德载物的文化内涵。在所有学校展示完节目后，中国首都体育学院武术队的师生带来了无与伦比的专业级武术表演“武之魂”，随着悦耳的音乐声，奥运冠军赵庆建上台演示一套“追风赶月刀”，扎、砍、劈、缠、斩，一招一式，如同“猛虎”，在“刀光剑影”中将整场活动推向高潮，令人振奋。

这不仅仅是一场中国功夫秀，也是各武馆交流教学成果的舞台！记者现场了解到，飞师傅功夫学院自2005年成立以来已发展了三所分校，学员千人，该校传授武术技能的同时也注重武德教育，把平衡、尊重、律己、感恩、仁爱、执着、谦逊和勇敢等品质培养放在首位，科学教学，寓教于乐。国际功夫太极学院则由于教学出色，使中国功夫在当地产生了越来越强的社会影响，2018年当地市政府决定将每年6月份的第一个周六设定为“功夫日”。美国龙韵少林功夫学院多年来也培养了多名武术高手，在武术大赛中获金、银牌。还有些武术学院注重减轻学员工作和学习压力，强身健体，提高自卫防御能力，也深受当地市民喜爱。

在现场，“功夫之夜”总导演赵庆建接受媒体记者采访时说，武术的门类繁多，流派纷呈，十八般武艺各不相同，通过肢体语言与器械的结合，可以将人文精神融于身体运动中，通过刀棍展现铿锵，剑枪展现柔美，长拳展现舒展，南拳展现刚猛……展示武术的“精、气、神”，体现中华民族气节和民族精神，展示中华民族优秀文化的“魂”之所在。

（2018年12月16日）

“一带一路”太极美洲行活动启动

为推动中华文化走出去，“一带一路”中国太极文化世界行美洲行活动于2019年2月7日正式开启。

“一带一路”中国太极文化世界行活动自2018年初正式启动，在2018年春节期间成功举办欧洲行活动，活动期间到访国家和城市包括德国（柏林）、意大利（威尼斯）、奥地利（维也纳）、匈牙利（布达佩斯）等，吸引来自德国、意大利、奥地利、匈牙利、美国、俄罗斯、西班牙、荷兰、捷克、波兰、克罗地亚、秘鲁等国家数千名学员前来参加并获得圆满成功。

此次美洲行活动将先后到访旧金山、拉斯维加斯、洛杉矶等城市，从2月7日至19日，历时13天，活动邀请国家级非物质文化遗产太极项目代表性传承人组成专家传授团，向“一带一路”沿途国家太极爱好者传授中国太极文化。

专家传授团成员包括国家非遗项目陈式太极拳代表性传承人陈正雷，国际杨式太极拳协会主席杨军，中国武术七段、杨式太极拳嫡传人傅清泉，中国武术七段、国家一级武术裁判陈娟，世界太极拳冠军、中国当代优秀武术运动员邱慧芳等太极专家，活动中将采用太极拳理论课程教授、现场太极拳汇演等方式向太极爱好者传授太极拳功法及理念。

太极作为中国传统文化的代表，蕴涵着丰富的文化理念。其中所蕴涵的人际和谐的文化理念，为人处事的哲学，无一不体现着中国传统文化所倡导的包容和谐精神。

“一带一路”中国太极文化系列活动以“弘扬中华文明，传播太极文化”为目标，太极文化为载体，“一带一路”为国际平台和渠道，向海外更大限度地传播中国文化软实力，向全世界推广中华传统文化精髓，传播和谐共赢的中国智慧，为促进全球文化协调发展和构建人类命运共同体作出积极贡献。

（2019年2月9日）

中华武术亮相旧金山拜祖大典

美国当地时间2018年4月8日上午，在旧金山市政府广场举行的2018年海外炎黄子孙拜祖大典上，少林功夫、太极拳、蔡李佛拳等各类拳种、器械精彩纷呈，展示了中华武术文化的魅力！

在这次海外炎黄文化传承基金会主办的大型活动中，美国少林寺文化中心的师生表演了集体少林追风刀、少林十八般兵器、集体九节鞭和集体少林虎拳等少林功夫，吸引现场所有观众的眼球，让现场的武术爱好者大呼过瘾！黄德辉蔡李佛武馆、三藩市同乐太极会和金恒国际武术太极队等武术团体纷纷登台亮相，表演了丰富多彩的武术项目，让观众目不暇接。美国高校太极联盟等武术团体也积极参与了此次活动，展示了中华武术运动在美国的蓬勃发展。

据美国少林寺文化中心释延然法师介绍，作为中华瑰宝之一的少林功夫已有1 500多年的历史。“禅以修心，武以强身，禅武合一”是少林功夫的精髓。于2007年创办的美国少林寺文化中心目前已发展成为4家，分布在加州旧金山等地以及首都华盛顿地区，并且在斯坦福大学设有少林功夫课程，向海外炎黄子孙以及广大美国民众传授正宗传统少林功夫和养生功。

（2018年4月8日）

伯克利赛场遇见“太极女皇”高佳敏

2018年3月24—25日（美国时间），第26届中国武术锦标赛在世界著名的美国加州大学伯克利分校举行，来自美国各地的420人参赛，其中包括来自美国65所不同类型武术学院的学生。大赛首次引进了最新的国际武术比赛规则，旨在推广传统与现代武术，增强美国武术运动员在国际武术比赛中的适应和竞争能力。“太极女皇”、世界太极冠军高佳敏等武术名家带队出席了本次比赛。

据大赛主席方国璇介绍，这是美国历史最悠久的武术赛事，也是美国西海岸最大的武术比赛之一。今年有少林拳、南拳、太极拳、刀、枪、剑、棍等超过75种不同类型的武术项目，参赛者最小年龄为4岁幼童，最大年龄的是75岁老人。其中有85人参加太极类的各项比赛，参赛者热情之高是前所未有的，可见他们对中国武术兴趣浓厚和热爱。现场全体裁判员都是义工，没有任何报酬。

高佳敏（左）带领的武术队取得优异成绩。

“太极女皇”高佳敏、美国少林寺文化中心释延然法师等人带领的武术团队参赛并取得了优异成绩。高佳敏是第一届世界武术锦标赛女子太极冠军，曾出演过功夫片《木棉袈裟》中的主要

角色。她曾先后出访日本、新加坡、菲律宾和中国香港、澳门等地，受到当地武术界行家的高度评价。当时新加坡报界用中英文两种文字对高佳敏进行了报道，《联合早报》称佳敏为年轻的“太极女皇”，并说，看她的表演就像欣赏一幅优美的东方山水画。如今常年旅居美国的她依然是中华太极文化的热心传播者。

此外，本届比赛中还有许多来自美国和中国香港等地的武术名师在现场表演。专程从中国香港而来的影视功夫明星赵志凌现场表演洪拳，美国武术队世界锦标赛散打总教练李亿元展示散打，太极名家谢伯宁展示了太极剑，武术名家伍伟杰则演示八卦掌，这些精彩展示节目获得现场美国观众的阵阵掌声和喝彩声。

据记者了解，美国加州伯克利大学已连续26年举行中国武术锦标赛，且都是由本校大学生校队全程组织完成，所有的工作团队都是志愿者，他们在武术名师方国璇的悉心指导下，层层推进武术比赛各项工作。在该校一拨又一拨的学生传承下，“接力棒”从来没有停止过，年复一年地成功举办了中国武术锦标赛，不仅提高了美国大众的身体素质，还扩大了中华武术的传播面和影响力。他们表示：在未来的几年里，要继续保持和推进武术运动在美国发展的势头，让中国武术成为美国更受欢迎的国际体育项目。

（2018年3月28日）

加州国际武术锦标赛成功连办9届

2018年6月10日，已连续举办九年的加州国际武术锦标赛，在加州圣何西市独立高中体育馆举行2018年的赛事，526名武术运动员和爱好者经过一天激烈角逐，决出全部武术项目名次。

本次锦标赛由美国国家武术总会授权，美国太极养生基金会、美国武术院、李东书武术馆主办。按照规定，凡是参加美国传统国家武术队选拔赛的运动员，只需在加州国际武术锦标赛的传统项目和太极拳项目中，获得前三名或者得分在8分以上，均可以获参加国家队培训机会，因此该赛事吸引了一大批热爱武术的儿童和青少年参加，促进和推动了武术运动在美国年轻一代人群中蓬勃发展。

据赛事仲裁方国璇、高佳敏介绍，通过比赛，可以传承一批传统武术项目，如少林、南拳、形意、八卦、八极、地躺、披挂、通臂、查拳、华拳、炮拳、武当、峨眉等拳种和各类传统器械，弘扬中华传统武术，这次比赛，有各类武馆、武术团体、学生和企业人员踊跃参赛。多名国际级和国家级裁判员参与打分，赛

场分为6个场地同时进行各类武术比赛。来自武术之家的中学生喻子纯热爱武术，从幼儿就开始勤奋练武，这次荣获24式太极拳、42式太极剑、32式太极剑和武术双刀4枚金牌，并获得13—18岁组的女子太极拳全能总冠军。美国少林文化中心学生获得两个全能总冠军。金恒国际武术太极队队员们既是“武术迷”，又是世界太极冠军、“太极皇后”高佳敏的粉丝，这次，他们顽强拼搏，敢于挑战，共获得24金、10银和3铜的好成绩。

（2018年6月10日）

邱慧芳等赴拉斯维加斯传授太极

2019年2月14日，“一带一路”中国太极文化世界行美洲行专家团从拉斯维加斯出发至洛杉矶，一路风尘仆仆，冒着暴雨，按计划开展美洲行最后一站（16至17日）授课活动。

中国太极专家团自2月7日起在旧金山湾区首站成功开启了太极美洲行之旅，让旧金山湾区150多名太极爱好者受益匪浅。12至13日，美洲行第二站太极教学授课活动在拉斯维加斯举行。授课内容是太极八法五步课程，同时专家团根据学员提出的相关问题进行

深入解答，随后进行针对性分组练习，专家团还举办太极文化理论讲座，拉斯维加斯近200名太极爱好者参加了太极教学活动。

12日当晚，太极专家团来到拉斯维加斯功夫太极文化中心，与当地太极爱好者进行文化交流，随着美妙音乐旋律，专家团的邱慧芳老师向当地太极爱好者展示了太极“八法五步”，陈娟老师展示了陈式太极拳，并同美国太极拳爱好者沟通和交流，随后专家团的陈正雷老师向当地太极拳爱好者致辞并娓娓讲述了历史悠久的中国太极文化，生动有趣的讲课，让当地学员收获很大。13日除了教学活动，当地组织者与专家团队还举行了颁发学员结业证书的仪式。

（2019年2月15日）

美国北加州武术太极运动展新貌

2018年8月11日（美国时间），以“同声同祖同心同行”为主题的北加州华人文化体育协会第十六届运动大会在美国加州联合市举行。开幕式上，来自旧金山湾区各个侨团组成的100多支队伍参赛，其中，北加州华人文化体育协会太极大联盟百人太极拳表演和少林文化中心武术表演看了特别让人振奋。

来自美国各地的武林高手齐聚一堂。

北加州华体会太极大联盟是由华体会副执行长兼太极处长林元阆于2015年组建，短短几年，这支太极队伍迅速壮大，目前太极拳友遍布北加州湾区各地。在开幕式现场，该联盟的120多人演示了24式简化太极拳。北京大学北加州校友会、三藩市精才太极队、费利蒙湖畔太极队、金恒国际武术太极队、王氏水性太极拳队等也各自表演了拿手的拳术和器械。在现场，罗宇祥老师的陈氏太极剑、张敏老师的武当剑、徐晓琴老师的陈式五十六式太极拳、邝健辉老师的传统杨氏太极拳、谭洁良老师的三十二式太极剑、李景贤老师的拂尘、何宁和大萍老师的对扇等表演都充满太极韵味，让人感受到太极的魅力。在这次武术太极邀请赛上，加州共有15支太极代表队参加200个太极项目的比赛，并取得了好成绩。美籍华裔少女彭子玉在赵堡太极拳比赛中获得金牌。美国少林文化中心教练和学员的精彩表演也让现场观众感受到少林功夫的博大精深。

中国驻旧金山总领事馆新任总领事王东华来到华体会现场鼓励运动员努力拼搏。这次华体会还邀请了美国、加拿大和中国等地的不少武林高手。全美传统武术文化总会会长阎泰、鹰爪翻子门第八代掌门人刘莉莉、国际武道联盟主席彭文、奥运会北京2008武术比赛刀术棍术全能冠军赵庆建、美国功夫太极杂志创始人简琪、伯克利大学武术俱乐部主席方国璇、洪家黄耀桢师傅、美国柔功门国术联合会会长李乐生、刘鼎煌师傅等出席了本次活动。

（2018年8月13日）

三藩市金恒武术队让老外爱上散打

每天清晨，美国三藩市华盛顿公园、芳草地、花园角、体育操场等地都有一群群人练武，其中有一支不同肤色、不同年龄的武术团体特别引人注目，这就是金恒国际武术太极队：他们随着美妙的音乐翩翩起“武”，太极拳、太极推手、散打、功夫扇、刀、剑、棍等武术项目一一登场演练，吸引了众多游客围观欣赏。

“传播中华武术，弘扬武术文化，健康快乐生活是建队的宗旨”金恒国际武术太极队队长林金姿面对媒体记者说。成立不久的武术团队在林金姿组织和带领下，坚持锻炼，人数从最初的几个人，如

滚雪球一般，发展到现在的100多人，分布在各地，在教练张敏、何国辉、邝建辉、李景贒、徐晓琴等人悉心传授下，武艺不断提高，许多队员踊跃参加武术比赛和慈善演出。在老人康复中心工作的甑立心谈起练武感受是一脸的兴奋："太极融哲理、医理和拳理于一体，动中有静，我很喜欢，并坚持锻炼。这项运动对于护理老人也很有帮助。"她一口流利的英语，同时也沟通了队友之间交流和切磋武艺。教练李景贒练武已有几十年，他说："中国武术博大精深，太极拳老少皆宜。千手观音和孔雀舞等文艺节目都含有太极元素，如果在美国搞一台精彩的太极舞台剧可以吸引更多的人练武。"非洲裔人黄金（谐音）更是勤奋好学，他对中国武术散打很感兴趣，他身手敏捷的动作来自于每天的艰苦训练。教练徐晓琴尽管生活压力大，但仍坚持锻炼，并尽心传授武艺。乐于奉献的队长林金姿深有感触地说："通过练武融入社会大家庭，不仅使我扩大了生活圈，更给我和队友带来了健康和快乐！"

（2018年4月19日）

佛利蒙市少林英雄会精彩纷呈

2018年12月8日上午（美国时间），美国少林英雄会在旧金山湾区佛利蒙市（Fremont）举行，来自旧金山、佛利蒙、桑尼维尔和斯坦福大学的近500人参加武术竞赛和表演。比赛高潮迭起，精彩纷呈，让现场数百名观众和武者自始至终都沉浸在喜悦之中。

美国家庭组合演示中华武术令人振奋：既有父女同台共“武”，又有夫妻带着独生子演武，更有母亲带领5个子女展示武艺，一幕幕情景剧，赢得了观众阵阵掌声和喝彩声。一位带着5个孩子同台献艺的母亲接受媒体记者采访时说：“我们家庭成员已经把练武当作健康的娱乐活动，并已经成为一种生活方式和习惯了。”

加州众议员朱感生（左）向美国少林文化中心执行长释延然（右）现场颁发贺状

出席本次美国少林英雄会的嘉宾有：加州众议员朱感生先生及夫人，佛利蒙市市长Lily Mei女士，佛利蒙市议员、佛利蒙联合校区委员会现任主席邵阳先生，Saratoga市议员赵嫣女士，联合校区委员会科技顾问委员Yulin Xu

女士，北加州华人文化体育协会创始人戴锜先生，2008年奥运会武术比赛冠军赵庆建老师，美国Sanovas公司副总裁兼资深科学家、美国Eagleyes公司首席科学家兼副总裁纪中生先生，美国现代传统医学院财务长、美中文化交流组织主席王淼女士。中国驻旧金山总领事馆王东华总领事、加州众议员朱感生和佛利蒙市长Lily mei等也分别致贺函表示祝贺。

美国少林英雄会由美国旧金山少林文化中心（Shaolin Temple USA）主办，之前是年度校运会，至今已举行了四年，参加人数逐年递增，深受美国青少年和家长欢迎。在竞赛现场，选手们分别参加4岁至60多岁多个年龄段武术项目比武，各族裔、职业和多元背景的人们相聚一堂，比赛项目分高、中、初级50多个少林拳法、器械及集体赛项，各级设个人全能总冠军，还有校队比赛和家庭组合展示武艺。少林英雄会设“北美少林功夫奖学金”共6 000美元。这次荣获个人五项全能冠军、1 500元奖学金的少女陈凤文琪谈起练武感受时说：“即使以后生活再艰难，我也不会放弃，因为练武后拥有了坚强不屈、克服困难的勇气和自信！”

（2018年12月8日）

圣何西市举办第七届太极日活动

2018年5月20日，是圣何西市第七届功夫太极日。上午9时，在圣何西市会议中心南馆，随着美妙的太极旋律，400多名不同肤色的武术爱好者在世界太极冠军邹云建，著名武术家吴彬、刘莉莉、吴小高等人带领下翩翩起“武”，演练了24式太极拳，让武术比赛现场所有人感受到太极的无穷魅力。当天，圣何西不少企业、学校和武馆的太极拳爱好者们纷纷在教练的带领下演练太极拳，以迎接功夫太极日的到来，整个圣何西城的市民们掀起了练习太极的高潮。

（2018年5月21日）

武博士李书东出任加州针灸局委员

2018年11月对于居住在美国加州圣何西的李书东来说是双喜临门：他11日从上海体育学院民族传统体育专业毕业，喜获武术博士学位，当日在上海体育学院参加2018年博士学位授予仪式。回美国后于20日又喜获美国加州众议院议长任命，出任加州针灸局委员。远隔重洋的上海体育学院教授虞定海是李书东的博士生导师，他衷心祝愿李书东："希望你更好发展，为弘扬中华传统文化不

断作出新贡献！”

李书东先生现为美国国家武术总会理事。他也是王西安大师的入室弟子，长年累月刻苦用心练习陈式太极拳，深得其韵，并悉心传授自己的学员，在海外广泛传播中华武术。李书东于1996年移民美国，先后创办了李书东武术院和美国太极养生基金会，从2008年开始承办和主办美国国家武术队选拔赛（选拔武术人才参加世界武术锦标赛等重要比赛），至今主办了多次美国青少年武术选拔赛和成人武术赛事，为传播和发扬中华民族优秀文化做出积极贡献。他曾于2005—2011年在斯坦福大学执教7年，创立了斯坦福大学的医疗太极课程。他于2012—2016年任国际健身气功联合会副主席，2013年至今任美国航空运动协会主席。

（2018年11月28日）

中国健身气功走进旧金山

2018年11月8日至11日（美国时间），由中国健身气功协会和美国旧金山少林文化中心联合主办的健康养生系列活动在加州旧金山湾区蓬勃开展。中国健身气功专家马不停蹄，在少林文化中心举办健身气功·五禽戏交流活动，前往斯坦福大学进行表演和体验教学，在河洛医科大学开设专题讲座，在佛利蒙少林文化中心和河洛医科大学分别开展"健身气功·马王堆导引术"教学培训活动。

此次系列活动，旨在传播健康养生文化，推动健身气功在旧金山地区普及和发展，加强中国与美国的体育文化交流。来自旧金山湾区各地的健身气功爱好者120多人参加交流会、讲座和骨干培训班。此次赴美代表队教学人员由山西大学体育学院教授、博士生导师李金龙，黑龙江省佳木斯市体育总会会长、国家级健身气功社会体育指导员刘学东，成都大学体育学院教师、民族传统体育学博士陶朔秀组成。

11月8日，上述专家以"健身气功·十二段锦"为主，在少林文化中心进行健身气功交流活动；11月9日，在斯坦福大学，成都大学体育学院教师陶朔秀结合"健身气功·五禽戏"的功法渊源和健身特点，与斯坦福大学医院研究院的教职员工们互动交流答疑解惑。

11月9日在河洛医科大学举行的健身气功养生文化讲座上，山西大学体育学院教授李金龙以亲身练功体会，阐释了健身气功和中

国传统养生文化的丰富内涵和密切关系。

11月10日—11日，佛利蒙少林文化中心人声鼎沸，来自旧金山湾区的美国居民30多人参加了“健身气功·马王堆导引术”骨干培训班。富有教学经验的李金龙教授和陶朔秀教师，采用集中与分班及个别辅导的方法，用中英双语教学，言传身教，悉心传授技术要领，学员们很快就进入练功状态，学会了这套功法。

据了解，“健身气功·马王堆导引术”是中国健身气功协会组织专家依据湖南长沙出土的西汉帛画《导引图》所创的健身方法。它注重循经导引，形意相随，强调肢体动作的开合提落、旋转屈伸等，在疏通经络、调和气血、平衡阴阳中达到健身养心效果。它的动作柔和缓慢，舒展大方，松紧交替，善于变化，适应不同人群锻炼。

在练功场地，健康食品技术及供应公司总裁迈克尔告诉媒体记者：“我很喜欢健身气功，我会把它当作生活的重要部分，因为我知道，拥有健康身体比什么都重要！”

中国健身气功协会副秘书长高岚杰女士表示：“美国民众对健身气功热情好学，说明对健康养生的需求非常大。健身气功是传统养生文化的瑰宝，历经数千年发展，已经传播至世界五大洲50多个国家和地区。美国旧金山湾区健身气功交流、专题讲座和骨干培训班的成功举办，将传递健康的养生方式，让科学的健身理念造福更多民众。”

（2018年11月16日）

港澳武林实录

李晖：在港开创“唐诗武术”

“有竞争就有活力和动力！要敢于面对挑战，抓住机遇，做好自己的武术发展事业！”李晖老师近日在香港接受媒体记者采访时如是说。香港弹丸之地，林林总总的大小各类武馆1 000多个，竞争激烈，优胜劣汰，李晖在武术发展事业上从来就没有丝毫懈怠过，从建立香港李晖武术中心到建设李晖太极中心，再通过香港太极青年团和太极耆缘养生会两条“主干线”大力弘扬太极养生文化，李晖吸引了香港众多人群练武强身健体、科学养生。

2018年8月初，李晖老师的弟子莫宛萤作为中国香港队参赛队员出战本届亚运会，在女子套路（太极拳+太极剑全能）项目中夺得一枚银牌。9月28日至10月1日，莫宛萤出战在保加利亚举行的第三届世界太极拳锦标赛，又荣获女子新规定杨式太极剑金牌和女子自选太极拳银牌。她说：“我至今忘不了启蒙老师李晖一丝不苟的武术教学，她一直关心我成长，让我在武术寻梦中感受快乐！”

李晖老师曾在第二届世界武术锦标赛中获得长拳、棍术金牌，多次在世界武术锦标赛和亚运会上获得太极拳、太极剑项目冠军。近20年来，李晖老师在香港各行各业大力推广太极运动，并作出了突出贡献，赢得了香港"太极天后"美誉。

"山水甲天下的桂林是我的出生地，在幼稚园时许多女生选择学跳舞，我自以为不如其他女生婀娜多姿，所以选择了习武。以后在桂林儿童武术公开赛中获得第三名，当时奖品是一支精美的圆珠笔。我从小学时就喜欢看《杨门女将》《三国演义》和《水浒传》等书籍，幻想成为书中的英雄角色。我11岁时去柳州戏校练功，以后当过《笑傲江湖》《英雄本色》等影视剧的替身武打演员。至今我随时可以在一条直线上连续打十个侧手翻不会偏差半分！"李晖笑着面对记者说。

继由功夫表演者变身为武术运动员后，李晖的人生又有了新的飞跃：1993年11月23日，第二届世界武术锦标赛在马来西亚首都吉隆坡体育馆举行，来自30多个国家和地区的武林高手参赛。比

赛时，李晖挥舞着心爱的长棍，一套武术动作畅如流水，柔似浮云，猛如疾风，经过一轮棍影纵横后，是一个漂亮的收势。场上裁判亮出了9.21分高分，她获得了棍术冠军。第二天比赛，李晖又获得了长拳冠军。她是那次比赛中唯一独得两枚金牌的运动员！于是，李晖当选为93年度香港“最佳武术运动员”。“面对金光闪闪的奖牌，我想到的是自己的汗水、心血与青春没有白白流失，我感到充实而自豪！”李晖多年后谈起那次比赛，一切仍历历在目。

“李晖练武时能吃苦，悟性高！”所有教过她的武术名师都这样说。为了备战1990年亚运会，李晖北上深圳拜武术名家陈道云为师，整整半年，她在香港、深圳两地来回奔波，既在香港做影片替身武打演员，又在深圳接受严格的武术训练。她全身心投入，重点是习练飞虹剑和枪术，在武术上有了长足的进步。她还认识到：武术练的不仅是身体，更是提升一种精神力量！以后，李晖又跟武术名家钱源泽教授学习太极、形意拳和八卦掌，跟武术名家刘伟学习吴式太极拳，跟武术名家张广德练习导引养生功法。对李晖来说，太极是一种艺术，也是一种养生之道，亦是一个回馈社会和造福人类的途径，因此她全情投入，尽心尽力！为了让幼儿学好传统的武术基本功，李晖与导师创编了“唐诗武术”，如“静夜思”配基础长拳、“七步诗”配少林长拳、“回乡偶记”配太极、“登黄鹤楼”配八卦掌、“长歌行”配南拳、“相思”配鹰爪拳、“劝学”配初级剑组合，以唐诗配上武术动作，让孩子一边练武、一边念诗，达到文武兼收的教学效果。《打功夫，念唐诗》教学书籍在2005年度荣获国内颁发的“冰心儿童文图书奖”。以后她在青少年中又开展了“七色彩虹少武评级计划”，孩子们通过评核考试升级，将有机会被推荐加入香港队作长期训练。李晖还积极推进驻校计划，在学校开设“少儿及青少年武术班”。与此同时，李晖也在各类企业职工和中老年人群中开展了导引养生功法培训，四十九经络动功就是其中之一。针对一年四季不同易发疾病，李晖开设了不同的养生功法培训课程，如在秋季练益气养肺功、冬季练育真气补元功、春季练和胃健脾功、夏季练舒心平血功。李晖还上电视台讲导引养生功课，并举办中高级导引养生教练员培训班，以满足社会民众对养生的需求。在李晖太极中心，易筋经、五禽戏、六字诀、养生太极掌、养生太极扇、形意拳、八卦掌，陈式、杨式、吴式、武式和孙式太极拳、24式简化太极拳、42式太极拳和42式太极剑、太极推手、武当剑和咏春拳等课程应有尽有，并新开设了工笔画和书法学习班，以满足人们的文化需求。“武术文化与书画文化相结合，可以更好地陶冶情操和性情，养生效果更明显！”李晖说，目前她自己也在学习工笔画，已经画了3幅作品。

如今，李晖的武术梦仍在延续，她正在规划武术中心未来的发展方向：不断拓展武术进校园的规模，资助本地小学成立武术校队；开展和推进社区义教和公益课堂教学等活动。不忘初心，方得始终。李晖的武术缘、太极情还在延续，新的旅程又开始了……

（2018年10月2日）

世界冠军莫宛萤亮相香港东区文化节

太极世界冠军莫宛萤

2018中国香港东区文化节“武术、太极耀东区汇演”13日在香港北角显理中学礼堂（北角城市花园道2号）举行，第三届世界太极拳锦标赛冠军莫宛萤受邀上场表演了自选太极拳。

此次汇演活动由2018年香港东区文化节筹备委员会和太极耆缘养生会主办。作为东区文化节重头戏，武术、太极汇演汇集了香港一批武林高手、优秀武术运动员和武术爱好者。作为特别表演嘉宾，亚运会太极全能亚军、第三届世界太极拳锦标赛冠军莫宛萤上场表演了自选太极拳，世界青少年武术锦标赛刀术冠军何彦政上场表演了竞赛刀术，太极耆缘养生会干事集体表演了太极功夫，香港“太极天后”李晖表演了吴式太极拳、剑，香港太极武术学院集体表演了陈式太极拳新架，香港太极泉友会集体表演了杨式太极拳精炼18势，余泽伦太极拳艺社集体表演了陈式太极拳。

（2018年10月18日）

香港赛区何彦政获“少年武状元”

由香港太极青年团主办，太极耆缘养生会协办，中央政府驻香港联络办公室青年工作部官方支持，香港各界文化促进会、香港华菁会团体支持的武术王者杯挑战赛2019暨粤港澳大湾区少年武状元大赛香港赛区总决赛于2月23至24日在愉景新城隆重举行。来自香港多家武术团体和中小学校的800名运动员代表，在为期两天的比赛中同场竞技、切磋交流，精彩热烈的比赛赢得评委和观众的阵阵掌声。

首日赛事为“武术王者杯挑战赛2019”，各路选手凭借矫健身姿和高超武艺一展风采，比赛按“王者挑战赛”“外围资格赛”“集体项目赛”“队际组合王”“个人全能赛”分别决出8强、冠亚季军以及全能冠军。其中，全能冠军由许德恩（男）、莫宛萤（女）夺得。

次日举行的“粤港澳大湾区少年武状元大赛”香港赛区总决赛则以文化测试结合五种不同武术拳术与器械进行综合考量，通过文武、徒手和器械全方位竞技决出公开组、社区组和校园组的4强及香港赛区“少年武状元”。小运动员们朝气蓬勃、全情投入，在长拳、南拳、形意拳、咏春、太极拳及虎鹤双形拳等传统拳种和枪、棍、少林刀、太极扇等器械项目中均交出令人满意的答卷，同时在技术、战术和心理上都得到充分历练。香港赛区社区组和校园组的“少年武状元”分别由香港武术联会和沪江学校获得，公开组

“少年武状元”则由何彦政摘冠。各组别4强胜出者均将晋级3月30日于珠海举办的大湾区总决赛。

本次香港赛区总决赛邀请了港区全国人大代表邝美云女士、中央人民政府驻香港特别行政区联络办公室宣传文体部李冰处长、香港文化促进会的嘉宾莅临指导并为获奖者颁奖。他们颁奖时赞扬大赛推动了中华传统武术文化在粤港澳大湾区的传播与影响，并肯定了大赛为积极传承和发扬中华武术运动做出的努力。

（2019年2月26日）

香港太极耆缘养生会大赛夺金

2018年海峡两岸暨港澳地区群众健身交流大会，于10月26日至27日在安徽省九华山国家运动休闲特色小镇举行。香港“太极天后”李晖带领的香港太极耆缘养生会参赛队员荣获男子自选太极拳第一名、团体八段锦第二名、个人32式太极剑第三名和集体24式太极拳第四名。香港耆缘养生会全队队员均是60岁以上的老人，取得这些佳绩相当不容易！

此次交流大会由中华全国体育总会联络部、安徽省体育总会、安徽省池州市人民政府主办，安徽省社会体育指导中心、青阳县人民政府、池州市教育体育局、安徽九华山投资开发集团有限公司承办，青阳县体育局、安徽嘉润体育文化传播有限公司协办。

此次交流大会吸引了海峡两岸及港、澳地区（中国大陆、香港、澳门和台湾地区）约200名健身气功、太极拳爱好者报名参赛。竞赛项目分为集体项目和个人项目，健身气功个人项目、健身气功集体项目、24式太极拳、42式太极拳、32式太极剑和自选太极拳比赛。香港太极耆缘养生会已连续三届参加比赛。

（2018年10月31日）

澳门武术家与柳海龙共育散打新秀

2019年7月12日，坐落在中国广州白云机场旁的蔡李佛拳中国非物质文化遗产项目柳海龙龙城国际训练基地正式开始面向全世界招收学员。这是由散打王柳海龙与著名企业家、蔡李佛拳传承人房胜棠共同打造的国际性武术散打人才培训基地。柳海龙表示要全力以赴培养好自己的“接班人”！

每当中国散打运动项目提起“柳腿劈挂”，人们便会想到“超级散打王”柳海龙。柳海龙可谓是散打运动最高水平的代表之一，他所擅长的劈挂腿是目前中国散打技术的一个品牌。柳海龙曾经几乎囊括了散打全部比赛的金牌，并在首届世界超级散打王争霸赛中获得“世界超级散打王”称号，因在中泰对抗赛中大胜泰拳选手而名声大振。他在比赛中擅长劈腿，并由此有了“柳腿劈挂”的美称。

房胜棠先生是中华国际（澳门）老人世界基金会名誉会长、蔡李佛功夫国际联会永远名誉会长。他从小跟随李尧山师傅练武，是广东省北胜蔡李佛非物质文化遗产传承人。蔡李佛拳是中国传统拳

术中的南拳之一，它综合了蔡家拳、李家拳和佛家拳三家之长而形成一支新派，故名蔡李佛。它套路繁多，手法着重攻防配合，步法灵活而稳健，发劲刚中带柔，动作舒展大方，拳路气势磅礴。此拳手法以拳、掌、桥为主。步法和腿法有弓、马、虚、拐、撒、扭步和踢腿、横踩、后钉、单飞脚和箭腿等，具有勇猛、机智的风格。此拳共有四十九个套路，初级有四平桥、小梅花、截虎拳等；中级的有平拳、八卦心等；高级的有虎形、鹤形、醉七仙、佛拳等。

2008年6月7日，蔡李佛拳经国务院批准列入第二批国家级非物质文化遗产名录。目前，该训练基地既是由房胜棠先生鼎力创办的北胜蔡李佛拳传承基地，也是中国散打王、世界散打冠军柳海龙先生代言的“散打王世界争霸赛”的体能训练中心。训练场地有1 500平方米，可以开展蔡李佛拳教学、冬令营、夏令营、武术、散打、搏击、泰拳、军事化训练、学校高考体能强化和全国赛事人员输送等方面的活动。

（2019年7月12日）

上海武林实录

上海树立武术史新标杆

跨入2020年之际，窗外寒气逼人，而上海广播电视总台（SMG）五星体育频道的总编室内却热气腾腾。在专注于武术搏击节目的资深编导高频的工作台历上，记录着将要做的几件大事：1. 第十五届世界武术锦标赛在沪成功举办，中华武术如何进入奥运会将再次成为热门话题；2. 如何利用2020体育大年进一步推广武术搏击赛事和中华武术文化；3. 与各方合作筹备《武术春晚》选拔大赛并积极传播优秀武术节目内容……

一、“功夫”与“武术”是世界的

作为一个资深的体育电视人，高频与我谈起了他对“功夫”与“武术”的见解。他认为：如今“功夫（Kung-Fu）”和“武术（Martial-Art）”都已成为世界性词汇。曾经有人说，是李小龙花费了十多年工夫把“中国功夫（Chinese Kung-Fu）”写进了英语词典，让许多西方人对“中国武术（Chinese Martial-Art）”顶礼膜拜！也有人说，是全世界各民族武术家们花了几千年的工夫逐步把“功夫与武术”传承融合，才有了李小龙的发扬光大……继李小龙之后，成龙、李连杰等武打明星又成功杀进好莱坞，在一系列功夫电影中展现了中国武术的魅力。尤其是李安导演拍摄的《卧虎藏龙》，更是把中国传统武术的艺术气质和文化意境、诠释得淋漓尽致，影片也斩获了多项奥斯卡大奖和电影金球奖。再加上近些年甄子丹的《叶问》系列、吴京的《战狼》系列……可以说，中国武术的电影艺术价值得到了相当充分的大众化传播和国际化传播。高频继续说，除了中国武术，世界上还有很多功夫流派：欧美拳击术（Boxing）、巴西柔术（Brazilian Jiu-Jitsu）、日本柔道（Judo）和空手道（Karate）、泰国泰拳（Muay Thai）、朝鲜/韩国跆拳道（Taekwondo）、俄罗斯桑搏（Sambo）、古希腊搏击（Pankration）、蒙古摔跤（Mongolian Wrestling）、以色列格斗术（krav Maga）、日耳曼擒拿术（Kampfringen）、印度武术（Kalarippayattu）、阿拉伯搏击术（Silat Mubai）等等。从国际体育发展的层面来看，拳击、柔道、跆拳道、摔跤等项目很早就进入了奥运会，空手道也正式入选了2020年东京奥运会；拳击、自由搏击（站立式）、综合格斗等运动的职业化发展更是如火如荼。这些项目的赛事举办、电视转播、市场运营都取得较大的成功。相比较而言，以中国武术套路和散打为主题的赛事举办、运营、推广和传播，还需要进一步的推动、也有巨大的发展空间。

二、全力传播武术搏击文化

高频自小热爱武术搏击，跟随一些专业人士学习过武术搏击的技法；他从事体育电视工作20多年，先后服务于CCTV-5和上海电视台体育频道（五星体育），参与武术搏击赛事的报道和制作也将近20年。2000年的《散打王争霸赛》他作为实习记者，真真切切地感受到了武术搏击赛事的现场震撼与澎湃激情！之后的几届全运会、亚运会武术比赛和世界武术锦标赛、2008年北京奥运会武术比赛（表演项目）他都参与过报道和制作。他认为，虽然以中国传统武术和散打为主题的赛事逐步迎来了高光闪耀的时刻，但2010年前后，随着K-1世界自由搏击赛、UFC综合格斗大赛等舶来品的进入和兴起，中国传统武术和散打赛事也面临着越来越多的竞争压力。有压力也会带来动力，随着政策的放开和市场的热度，越来越多的武术搏击赛事也如雨后春笋般纷纷冒出，相关的电视节目和赛事转播也应运而生。2011—2016年，上海电视台五星体育频道全新打造武术搏击项目的“重竞技之夜”，在周末“午夜赛场”为广大观众和武术迷带来四季不断的荧屏烈焰和令人热血澎湃的擂台较量——亚太《武林传奇》系列、《UFC综合格斗大战》、《环球功夫争霸赛》、《拳力争胜》周刊、纪录片《江南船拳》等等，这些精彩纷呈的武术搏击节目，都取得良好的收视效果，各方好评连连。2017年，CCTV-5的《功夫春晚》，展现了众多草根武术人从“百姓擂台”打到“春晚擂台”的精彩故事；2018年，中国武术散打超级联赛全面展开，探索全新的俱乐部赛制和商业运营模式，也全程进行了电视与网络直播……高频身为上述节目和赛事的制作人兼解说员之一，富有激情的解说和入情入理的技术分析，让观众得益匪浅！而他认为自己最大收获就是：武术搏击的本质是文化，而文化的感染力、影响力和穿透力是不分种族、不分国界的……

三、上海武术世锦赛树立新标杆

2019年，金秋十月，振奋人心的第15届世界武术锦标赛在上海举办。高频担任赛事的官方解说员，他每天在现场感受到了一浪又一浪的武林激情，更加深切体会到了本次大赛的意义与亮点：不仅是“扬我国粹，以武竞技”，更是在多方面展示给全世界一个奥运级别的“上海标准”。无论是赛事组织、场馆改造，还是直播制作、宣传推广等方面，本届比赛都体现了“上海标准”的精细与智慧。本届武术世锦赛在多个方面刷新了历史纪录、创造了崭新的立意和标杆。来自102个国家和地区的1 100余名运动员、教练员、裁判员、官员和嘉宾相聚浦江、共赴盛会，创下了赛会历史参与人数之最。同时，上海还给武术世锦赛留下了诸多的“第一次”：第一次对外公开征集吉祥物，第一次大力度地去对接市场、创收盈利，第一次将套路与散打比赛分在两个场馆内举办，第一次设立套路创意集体项目，第一次将散打首金的决出提前到第二个比赛日……值得一提的是，组委会在半年之前就开展了“沪（who）是高手、武动天下”系列主题推广，以及市民武术嘉年华、武术夏令营探营、武术登陆威尼斯双年展等活动。诸多创新举措，让更多的普通人感受新意、融入武术，促进全民参与、以武会友。此外，比赛场馆——上海闵行体育馆的智慧化功能再造与升级，前前后后的方案，至少改了十几稿，最终，不仅完全符合各项竞赛要求和安全保障，也满足了国际级赛事转播和市场运营方面的需求。组委会赛前还组织了两次测试赛，以“全要素演练”来精益求精，以通用培训为基础、专业培训为重点、岗位实训为核心……这一切赛场背后的努力与艰辛，最终让本届武术世锦赛实现了“开放、精彩、卓越”的办赛宗旨。从2019年10月19日晚上的开幕式，到10月23日晚上的闭幕式，整整四天的赛事转播由上海广播电视总台（SMG）派出精英制作团队倾情打造，为全球100多个国家和地区提供高规格的公用信号。

开幕式的节目呈现，通过“大道持中”“人天和合”“厚德载物”“世界大同”四大篇章，汇聚了国粹武术风韵和海派文化特色，表达“会武中华，和美天下”的主题思想。闭幕式的主要亮点除了精彩的冠军汇演和《精武中华》，还有精心设计的颁奖环节和会旗传递，强调以武术精神为火种、以武术传播为风帆，将优秀的中华传统文化传扬到全世界。本届赛事的开闭幕式，均由SMG东方卫视中心创制团队打造，通过3D建模，度身定制舞美、视频、灯光、音响、威亚、转播方案，最终达到了震撼人心、大气磅礴的视觉冲击效果。

2019年10月20日—23日的现场赛事转播，则由SMG五星体育与技术中心联手制作。双方共同组建奥运级别的最强阵容，动用了大型4K高清转播车一辆（11+5讯道），EFP高清转播设备一套

（9+3讯道），卫星车两辆，近90人的制作队伍，涵盖导演组、解说员、慢动作、摄像师、字幕包装、赛事数据、技术保障和信号传送等八大团队。整整四天，从早上8：00到晚上23：00左右，共计制作套路赛事803场，散打赛事249场，分为三路信号，通过卫星和网络向数十家国际国内电视和网络媒体平台传送。每一场比赛，通过数十台高清摄像机的捕捉和导演的切割，生动而精准地讲好了武术世锦赛每一名选手的精彩故事。更值得一提的是，本届赛事转播启用最新的“子弹时间”慢镜头技术，绕场一周72个相机镜头毫秒级同步，进行360度环绕拍摄，拳脚威猛、剑芒轻灵、刀劈昆仑、枪龙棍虎……大气磅礴的镜头画面如同3D电影大片一样震撼！由此创立的武术转播“上海标准”，将成为今后武术大赛的经典标杆。高频认为，本届武术世锦赛还有一大亮点，那就是规则的进一步革新和规范。几乎所有运动员和裁判员在谈及新规则带来的影响时，都提到了“严格、精确、客观”。新规则的出现让选手技术动作和裁判执法尺度的容错率越来越低，这对运动员和裁判员都是极大考验，也是武术运动迈向奥林匹克大家庭的关键一步。

应该说，无论是套路项目还是散打项目，新规则的实施让本届赛事的竞争空前激烈。最终，13个代表团瓜分了44枚金牌，拿到奖牌的总共有30余个代表团，奖牌分布之广泛，也是前所未有。国际奥委会副主席于再清因此评价说，“上海打造了武术史上的新标杆”。新标杆、新规则，对武术（套路和散打）进入奥运会是一个很大的促进。不过，更重要的是，通过各类大赛和活动积极传播武术文化，在全球范围内不断扩大群众基础。正如国际武联执行副主席吴廷贵先生所提倡的：“第一，以后要做‘段位制’，只要是武术爱好者，都可以有，段位制让练中国武术的人都能接受。第二是重视社交媒体，奥委会很看重，是评价一个项目传播力度的标准。第三，赛事管理可以更客观、更透明，加强运动观赏性，怎么让人看了之后觉得好看。”

四、弘扬"功夫"、传播"武术"

2020年来了，武术项目没能进入东京奥运会的赛程之内，高频却认为并非坏事，他觉得应该变压力为动力、继续促进武术的变革和发展。对于世界武术发展前景，他充满信心：随着国际武联、各国武协、武术专业人士、武术爱好者乃至媒体传播者们的共同努力，下大"功夫"去修炼、积累、打造，一定会成就普及全世界的"功夫与武术"文化！从而让世界上越来越多的人认识到："功夫与武术"文化其实质是人类"实现自我价值、超越自我极限"的另一种实现方式。中国武术强调"自强不息、厚德载物"的精神。在物质生活日益丰富的今天，我们不妨倡导一下刚柔并济、内外兼修的"功夫与武术"文化，助力塑造国人的精神信念和文化自信！

“精武杯”第十五届武术赛举行

2017年11月25日，由上海市体育局、上海市体育总会主办，上海武术院、东方广播中心、虹口区体育局、上海精武体育总会承办的“精武杯”第十五届太极、传统武术比赛暨武术段位（初段位、中段位）晋考在精武体育馆举行。此次参加比赛和晋考的有来自本市各区县、街道社区、武术社团和学校等139支团队和武术爱好者3 050余人，比赛共设有99项集体项目和近3 000余项个人项目。

今年武术比赛参赛人员比去年增加700余人，武术段位晋考人员也从去年的581人增加到892人。今年上海城市业余联赛、上海市民武术节开展以来，练武健身的理念更加深入人心，武术段位晋考培养了大众习武兴趣。参加传统武术项目比赛的习武者比去年有所增加，充分显示了传统武术在上海的蓬勃景象，体现了群众性武术运动水平的提高。

（2017年11月27日）

陈桂学、傅清泉精武会亲授武艺

2019年8月12日至14日，上海精武体育总会成功举办“精武大师”公益培训活动。国家级非遗项目“鹰爪翻子拳”传承人、河北省武术协会副主席、保定精武体育会会长、上海精武鹰爪翻子拳总教练陈桂学先生，杨式太极拳传人、中国武术七段、上海精武杨式太极拳总教练傅清泉先生两位大师亲自传授武艺，来自巴西、日本，中国余姚、海盐、上海等地的80余名武术爱好者参加培训，并获得培训证书。

陈桂学传授了鹰爪行拳五路至八路及鹰爪翻子连拳的基本动作，傅清泉传授杨式28式太极拳及内家七式。两位大师在培训学员时，言传身教，一丝不苟，仔细讲解武术动作要领，并纠正了学员平时练习时的诸多误区。学员们经过刻苦训练，掌握了武艺要领。时间虽短，但两位大师深入浅出的生动讲解，让在场的学员深切感受到中华传统武术的魅力。据悉，这次是上海精武体育会举办的第二期“精武大师”公益活动，今后还将继续举办，让精武传统武术文化更加广泛传承和发扬光大。

据了解，鹰爪翻子拳是精武“四大名师”之一的鹰爪王陈子正先生经过30年悉心研究、充实、体验，逐步完善，最终名震拳坛的卓越拳术。此拳健身作用显著，技击性突出，实用性强，深受武术界推崇。2008年6月，鹰爪翻子拳被列入国家级第二批非物质文化遗产保护项目名录，鹰爪王陈子正先生曾侄孙陈桂学为传承人之一。

傅清泉先生自6岁起随祖父傅钟文和父亲傅声远练拳，从幼年时就接受了正规的武术训练。20世纪80年代进入上海市武术队，成为专业武术运动员。1985年—1987年连续三届获得上海市杨式太极拳冠军；1988年在全国太极拳、剑比赛中获得太极剑冠军，杨式太极拳亚军；1989年代表国家队参加中日太极拳比赛，获得杨式太极拳冠军。

（2019年8月15日）

精武隆重举行105周年庆典活动

7月19日，上海精武体育总会建会105周年庆典活动在上海虹口区精武体育馆隆重举行，上海武术界人士、上海精武会会员以及来自各省市的嘉宾近2 000人欢聚一堂。

上海精武体育总会是我国近代体育史上第一个民间体育社团，它将中华民族优秀的传统武术与西方体育概念和内容有机结合，成为东方体育的一颗璀璨明珠。革命先驱孙中山先生曾为精武会撰写“精武本纪序”。百年来精武会在国内外广泛传播精武文化和精武武术，为中华民族传统文化的传承和发扬光大做出了贡献。上海市人大常委会委员张丽丽、上海精武体育总会会长颜建平、虹口区宣传部部长刘可、虹口区副区长李国华、上海市体育总会副主席兼秘书长李伟听、中国武术泰斗蔡龙云、上海武术院院长刘昌乐、上海公安高等专科学校副校长刘民、上海精武体育总会监事李绍阳、虹口区教育局党工委书记潘惠琴、虹口区体育局局长姜汉军等领导和嘉宾参加了庆典活动。庆祝大会由上海精武体育总会副会长薛海荣主持。

随着鼓、锣、铙、钹共鸣齐奏，上海精武龙狮队闪亮登场，上海市人大常委会委员张丽丽、上海精武体育总会会长颜建平分别为舞狮点睛，拉开了庆典活动序幕。紧接着，上海精武体育总会会长颜建平、副会长陈内华分别为精武传统武术研究中心、少儿武术培训中心的正、副主任和荣获“精武世家”“精武之家”的精武名家和骨干会

员颁发了荣誉证书。精武总教练、总教练助理、鹰爪翻子拳、华拳、杨氏太极拳总教练先后出场亮相，行抱拳礼，展现了各自的风采。随着音乐节奏，上海公安高等专科学校学员展示了“精武警用功夫拳”“警棍操”。随后，精武会员献上了一台精彩纷呈的文体表演汇展，传统武术研究中心虹口区辅导中心演示了精武武术操；徐汇区辅导中心表演独唱“最美的歌送给母亲”；少儿武术培训中心表演“功夫少年”；精武会员安伟丽、凌冬青、傅建清、薛裕龙分别赠送书画，祝精武乃文乃武、松鹤长青；徐汇辅导中心生动展示了“武林芳华”，引人注目。由刘嘉慧等精武会员表演的旗袍秀“精武神韵”节目，更是庆典活动的突出亮点：旗袍既端庄又内敛，加上精彩的武术表演，刚柔相济，“旗袍文化”和“中国武术”交相辉映，显示了中国女性特有的古典韵味和独具特色的东方文化时尚。由普陀区辅导中心二胡齐奏的“精武之歌”“北京有个金太阳”等歌曲响起，许多观众随着音乐、情不自禁地哼了起来。精武传统武术研究中心表演的“刀光剑影”节目令人振奋，把庆典活动气氛推向高潮。

（2013年7月19日）

张世刚“童子功”两度轰动狮城

将近70岁的上海精武体育总会教练张世刚依然神采奕奕，逢年过节演出的童子功经常是节目的压轴戏，柔韧如孩童，令人叫绝！

童子功是中华武术的一种绝技功法，外部动作如孩童般柔软、坚韧，经常演练能做到软如绵，坚如钢，筋松气通，祛病延年。它的主要功法有：童子拜佛、力打山门、十字分脚、回头望月、团狮嬉球、二龙戏珠、二指禅、三指禅、八仙过海等，共有36路招数。张世刚是武林绝技童子功的传人。他曾于1998年随上海武术体操技巧队出访韩国。曾获全国传统武术金牌、国际传统武术暨绝技比赛特别优秀奖。

张世刚1951年出生于浙江宁波，8岁那年随当水手的父亲来上海，住在浦东周家渡一带。童年时张世刚性格内向，身体孱弱，常常受大孩子欺负。12岁那年，张世刚的“野路子”拳术偶然被路过的中华武术会教练王嘉祥看到。王教练一看这孩子四肢灵活，身手敏捷，是棵武术苗子，便收他为徒，教他少林查拳。

20岁时张世刚不幸病倒了，发烧，食欲不振，四肢无力，一查是乙型肝炎。医生一再叮嘱他要好好休息，千万不能运动。张世刚很听话，平时除了上班，回家就看看书，看的都是武术书，心里越看越苦闷！一想到要与钟爱的武术告别，张世刚就睡不着觉。转眼过了半年多，张世刚终于忍不住，又重新开始练武。这一练，又是8年，无畏严寒酷暑、风吹雨打，一天两练，张世刚不仅练就了一整套查拳的拳脚功夫，而且深悟“以柔克刚，以小胜大，以巧击蛮”之要义。张世刚练拳，内行人能看出他气力均整，筋肉灵活，力隐于内而外发，意不断，神不散，舒畅有序而得劲。

后来，因为又一场大病，张世刚开始自学童子功，主要是因为童子功讲究一个“静”字，不需要进行剧烈运动。他结识了大名鼎鼎的纪晋山，并拜他为师。从此，张世刚与童子功结下了不解之缘。盘腿、下腰、外练筋骨皮、内练一口气。练一套完整的童子功需要3个小时，练者身心舒坦，观者赏心悦目。两年后，张世刚体检后惊奇地发现，乙肝也痊愈了。

1986年，张世刚参加上海市工人武术比赛，获得二等奖，就此加入上海工人武术队，随队走南闯北经常演出，很快就名扬四海，不少人都知道，上海武林界有一个练童子功的张世刚！

童子功首次在海外亮相是在1991年末。当时，张世刚随刘师余、毛坤洪等率领的上海功夫精英团赴新加坡，在狮城演出7场，场场轰动，尤其是张世刚的童子功，如一朵奇葩怒放，引得满场喝彩，还有不少当地青年慕名而来，围在剧场门口，向张世刚咨询有关秘诀，甚至要求拜师学艺。新加坡外交部长、宣传部长、原国防部长、原总理李光耀的弟弟等观看了表演后也不住地对张世刚说：“中国功夫，VERY GOOD！”

狮城之行，为中华武术在东南亚地区扩大了影响，为中华武术走向世界迈出了新步，张世刚练武也更努力了。

1998年他随上海市武术技巧体操队二度赴新加坡演出，再次轰动狮城。

保琴荣获“功夫民星”荣誉称号

2016年11月20日下午，2016上海市民武术节“功夫民星”大赛在浦东东方体育中心举行。首先上场比赛的是一位身材高挑的女选手，她是上海精武体育总会浦东第二辅导中心的保琴老师，她表演的是“太极功夫扇”，首先是一个侧弓步举扇，然后白鹤亮翅，非常到位。整套动作吸取了中华传统武术精华，将扇子挥舞与太极运动技巧灵活结合，并融合了不同流派的武术动作，编排新颖，让人赏心悦目。她最终在大赛中获得“功夫民星”的荣誉称号。

大赛后，保琴老师接受媒体记者采访时表示："弘扬中华太极文化是我的社会责任。社区练武场地有我的社会大家庭，在这个社会大舞台上是可以大有作为的！”

“社区是我的第二个家”

保琴老师是精武浦二中心北蔡乐健辅导站站长，一级辅导员，已经获得中国武术六段段位。她是一位热心于社会公益事业的人，热心帮助别人，她常说，帮助别人练武就是提高自己武艺，因为“打铁需要自身硬”，在太极拳械教学中也可以找出自身不足，然后进行弥补提高。在社区武术活动中，保琴积极推广普及、义务教授太极拳和健身气功，她在北蔡镇成立了乐健武术沙龙，定期组织周边的武术爱好者开展武术学习交流活动以及武术段位制的推广和培

训工作，积极带领团队参加街道、浦东新区和上海市各类武术交流比赛和展示活动，取得较好成绩。她经常对社区武术爱好者说：“社区练武场地就是我的第二个家，你们都是我的家人，既然你们来了，我就有义务教好你们！”

她深知，首先要自身学好太极功夫。十几年来，她系统学习了24式、42式、48式太极拳套路和陈式、杨式、吴式、孙式等传统套路；她也学会了32式、42式太极剑套路以及太极扇、太极刀等太极拳械系列套路，还精通了八段锦、练功十八法、易筋经等健身气功。为了练武，她没有少吃苦头，要做到工作与练武教学两不误，确实不是一件容易之事。不仅要占用大量业余时间，还要有为学员服务的奉献精神。她为精武会员办理交钱拿证等各类事务。有人说，你来回“贴”钱、“贴”时间、“贴”精力又何苦呢？她总是笑着说，我愿意为大家服务。

保琴老师还主动上门为许多企事业职工义务教拳，她每周利用业余时间，为上海飞机研究院员工上太极课，言传身教，热心帮助员工们勤练太极拳。一位学员徐紫跃在2006年初因车祸造成全身多处骨折，医生说，如果康复不好，可能会终身离不开拐杖，她在床上躺了6个月后慢慢起床开始康复锻炼，在小区拄着拐杖散步，遇见保琴老师在居委活动室教拳，她觉得舒缓优美的太极拳非常适合她，保琴老师也根据她的实际情况“量身定做”，制定了针对性的教学方案，耐心细致，一招一式教她拳术，通过她自身努力，慢慢地双腿有力了，腰胯灵活了，走路不用拐杖了，生活可以自理了。她原是一家私企的会计，因车祸被劳动部门鉴定为丧失劳动能力提早退休，如今又被另一家私企聘为财务人员。她高兴地说，是保琴老师让我又有了重新工作的能力！

功夫不负有心人

保琴老师已连续三届荣获上海市中老年人迎春太极拳、械比赛一等奖；获世界传统武术锦标赛太极拳、剑三等奖；全国武术太极拳公开赛规定杨式太极拳一等奖、32式太极剑二等奖；世界太极拳健康大会42式竞赛套路一等奖、优秀教练员武德风尚奖等。

今年，在"绿地集团杯"上海市第二届市民运动会"中国梦尚武魂"上海市首届市民武术节期间，她带领学员参加了在三林体育中心举办的武术节开幕式分会场的武术展示活动；在第二届市民运动会"闵行杯"上海市太极拳交流比赛上，她的团队也荣获集体太极器械二等奖；在第二届市民运动会浦东新区各街道集体24式太极拳比赛中荣获二等奖；在第二届市民运动会"高东杯"上海市街镇武术健身交流比赛中荣获集体项目一等奖、个人项目7个一等奖、9个二等奖、5个三等奖；在2016临港"宝龙杯"首届上海市太极拳邀请赛上荣获集体项目一等奖；在上海市第二届市民运动会武术总决赛暨上海市武术大比武中荣获集体项目一等奖的殊荣和个人17金、6银、12铜的好成绩。

在大赛现场，保琴老师对媒体记者说："荣誉只能说明过去，我今后要更努力，不断进取，在社区这片广阔的天地继续为社区居民和武术爱好者教拳练武，教学太极文化无止境，弘扬中华武术文化是每位武术人的神圣使命！"

（2016年11月21日）

鹰爪翻子拳系列活动举行

2019佛山鹰爪翻子拳（鹰爪拳）文化交流大会系列活动8月17—18日召开。上海精武体育总会副会长薛海荣，国家级非遗项目传承人、上海精武体育总会鹰爪翻子拳总教练陈桂学应邀出席。

大会召开期间，2019年国家非遗鹰爪翻子拳传承与发展联谊会理事会、南北名家·佛山论武——传统武术文化传承与发展论坛、第一届佛山鹰爪翻子拳（鹰爪拳）国际邀请赛、南北武术精英大汇演、南海黄佰祥武术馆四周年庆典等五个系列活动同时举办，共吸引了来自英国、加拿大、希腊、美国、荷兰和中国河北、上海、福建、山东、广东等地的500多名鹰爪拳运动员、国内外武术界知名人士、鹰爪翻子拳（鹰爪拳）文化专家学者前来参会。

鹰爪翻子拳是精武“四大名师”之一的鹰爪王陈子正先生经过三十年悉心研究、充实、体验，逐步完善发展成的卓越拳术。此拳健身作用显著，技击性突出，实用性强，历来深受武术界称道。2008年6月，鹰爪翻子拳被

列入国家级第二批非物质文化遗产保护项目名录。在前几天上海精武体育总会举办的“精武大师”公益活动中，鹰爪翻子拳传承人陈桂学先生为数十名武术爱好者进行公益培训，得到广泛好评。

上海精武体育总会副会长薛海荣在大会期间接受媒体采访时表示：上海精武体育总会一直致力于对非物质文化遗产和传统武术文化的传承和保护，2007年“精武体育”被上海市政府列入第一批非物质文化遗产名录。2014年“精武武术”被列入国家级非物质文化遗产名录。精武体育总会将继续践行“爱国、修身、正义、助人”的精武精神，肩负起保护和传承国家非物质文化遗产的使命，让更多人了解精武，热爱武术，发扬爱国精神，传承中华国粹。

（2019年8月20日）

何君岗、孙嘉雄培训中段位学员

2017年5月3日至5日，中国武术中段位（四段、五段和六段）新套路培训班在上海精武体育总会演武厅内举行，来自精武各辅导中心、训练基地和传承基地的37名学员，分别在中国武术八段、高级教练何君岗和中国武术六段孙嘉雄老师悉心指导和言传身教下，按照段位制新套路的要求和规范标准，练习段位制新套路杨式太极拳和陈式太极拳，学员们刻苦努力，准确掌握了每个武术动作要领，培训取得了预期效果。

（2017年5月8日）

霍元甲等先贤后人在沪谈精武发展

以“爱国、修身、正义、助人”为核心的精武精神如何传承和发扬光大？2014年8月16日，在上海举行第十三届世界精武武术文化大会期间的座谈会上，霍元甲的曾孙、农劲荪的孙女孙子、陈公哲的小儿子等精武先贤的后人齐聚一堂，缅怀先贤，各抒己见，畅谈精武精神，共谋发展前景。

精武体育会于1910年诞生于上海，这个崇尚爱国、强身的社会团体，成立时就与孙中山组织的同盟会有着密切关系。

1910年，同盟会会员农劲荪力邀津门武林宗师霍元甲携弟子刘振声南下上海，牵头成立中国精武体操学校（上海精武体育总会前身），霍元甲任武术总教练，倡导“爱国、修身、正义、助人”精神。

1919年，孙中山先生亲临上海提篮桥倍开尔路73号，上海精武体育会所在地。挥毫题词“尚武精神”，并为《精武本纪》作序，深刻阐述精武要旨，倡导“强种报国”的精武精神。

尽管霍元甲到上海不久就意外病逝，但有关他曾经击败西洋大力士的口碑一直传承下来，到了后来，精武义士的抗日故事

也一直口耳相传，其中就包括霍元甲的儿子霍东阁和刘振声等人的事迹。

“强种报国”，广泛练武

这一次，霍元甲的曾孙霍自正（霍东阁孙子）特地从天津老家赶来参加上海国际精武盛会。他今年65岁，尽管个头不高、但耳大脸阔、双目炯炯有神、皮肤黑得发亮，他在座谈会上说起话来声如洪钟："精武会历经百年风云，不断发展壮大，至今可以说是鼎盛时期，以后的发展任重而道远。首先，我认为精武能有今天的盛况是个奇迹。按当时的社会形势，本来是到了我们中华民族最低谷的时候，一批爱国志士，他们审时度势，说中国应该改变了，怎么变？从哪个方面变？‘东亚病夫’需要改变形象，他们强调体育强国，从体育方面，先把人的体质提上去。当时组织精武体育会确实有很多困难，先贤们是社会精英，他们提出‘爱国、修身、正义、救国’，受到社会民众的热烈拥护。当时很多学校、军队聘请精武会的教练去教武术，大家对精武事业给予充分肯定，精武会在社会上受到很高评价。以后一批又一批的精武人承先启后，抱着一定要发展精武事业的坚强信念，历经了很多困难。当时精武人没有资金来源，没有报酬，但他们有明确目标，就是服务社会、造福人民；他们义无反顾，出谋献力，使得精武事业蓬勃发展。上海精武会高举精武大旗，与时俱进，继往开来，多次举办大型精武赛事和会庆，为民族传统武术挖掘尽了很大努力。"

霍自正谈到，“以前孩子体质弱，是物质不丰富，

营养缺乏；现在的孩子物质条件好，反而体质弱了，许多孩子娇生惯养，吃不了苦，这是营养过剩、不锻炼的结果。所以，我们首先要考虑如何进一步普及和发展精武事业，这就是要靠我们精武人和社会精英挖潜增能，进一步探讨新形势下武术的发展。我认为，精武事业发展的前途非常广大，在国内外都有很大影响，国外许多精武会办得有声有色，我们有了这个广泛基础，继续开拓创新，就可以在世界各国进一步发扬中华民族的武术文化。”

为了革命改姓换名

农劲荪是精武会创始人之一，首任会长。他的孙女农梦娜在座谈会上说："首先要感谢虹口区政府和上海精武体育总会这次为我爷爷农劲荪等19位精武英才雕塑铜像。我先讲一讲我爷爷的姓，本来姓'许'，名字叫许农，"农'字是他的名，号为劲荪。当时我爷爷参加了孙中山先生领导的反满清活动。为了不株连家属，我爷爷和曾祖父脱离了父子关系，把'许'姓改掉了，我爷爷的名字后来改为'农竹'。我爷爷脱离了父子关系以后，他就离开了河北，到了天津、北京。此后我爷爷经常在满清政府的心脏地区搞革命活动，所以他后来把自己的祖籍河北也改为安徽的宣城。后来有人就说农竹是宣城人。”紧接着，农梦娜的弟弟农晓昽说："感谢虹口区政府做了这一项功德无量的事情（指在精武公园雕塑铜像之事）。我们那些先贤，他们经过了风风雨雨，他们是不幸的，但他们又是万幸的，今天还有人记得他们，为他们树碑立传，并发扬他们的精武精神。刚才，霍自正先生也说到，现在青少年的体质是一个很严重的问题，我有一个想法，就是说要让青少年心甘情愿地去锻炼，一定要让他们喜欢去做。所以要讲一些生动故事，或者编一点电脑游戏、手机游戏，把精武故事编进去，寓教于乐，他们就会喜欢，就会在现实生活中，学习他们心中的偶像而练武。”

敬佩父辈，相约精武

陈公哲是早期精武会创办人之一。座谈会上，他的儿子陈哲明说："我是陈公哲最小的儿子，我爸爸一共有十个孩子，很遗憾，前四个孩子相继已经去世了，现在剩下的还有六个，我是最小的，其他五个他们都在海外，我也很早就移民去了加拿大，一直从事教育工作，现居住香港。我爸爸当年到香港，我们都在香港长大。我小时候看到我爸爸还写了一本书《知行录》，非常敬佩爸爸以前做过的事情。我们六个兄弟姐妹还相约聚会，打算明年4月18日乘邮船到上海，他们说一定要来拜访上海精武体育总会，进行文化交流。"

弘扬武术，振奋精神

精武先贤的后人陈饶燕明、陈桂学、周梁华和郑沙坚等人也相继畅谈了他们的深切感受；同时，他们建议：全社会要充分利用电脑、手机上游戏、微信等功能，并通过微电影、漫画等形式，吸引更多青少年练武强身，大力弘扬中华武术文化、爱国主义和民族精神，为实现中华民族伟大复兴的梦想而奋斗。

（2014年8月20日）

霍元甲铜像揭幕、有声书《精武风云录》发行

8月10日是“世界武术日”。为弘扬武术精神、传播武术文化，助力金秋十月将在上海举办的第十五届世界武术锦标赛，上海精武体育总会与上海人民广播电台当日上午在上海精武体育总会会馆内举行“世界武术日”宣传活动，现场发布有声书《精武风云录》，并为爱国武术家霍元甲铜像揭幕。海派武术人齐聚精武会馆，听史溯初心、演拳传武魂，用别样的形式同祝武术人的节日。上海精武体育总会会长颜建平、副会长薛海荣、河北雄安新区雄县宣传部副部长张双利、上海人民广播电台党委委员吴纯钢、霍元甲曾孙霍自正、鹰爪翻子拳传承人陈桂学、巴西精武体育会副会长孟宪娜等出席了本次活动。

据了解，有声书《精武风云录》汇集了精武英豪故事，旨在铭记武术时代精神。1910年，上海精武体操学校（即上海精武体育总会前身）成立，传扬“爱国、修身、正义、助人”的精武精神，激励了一代代有志之士心怀大爱、至诚报国。近期，上海精武体育总会与上海人民广播电台合作推出有声书《精武风云录》，以《精武本纪》为蓝本，以有声演绎的形式，讲述精武人物故事。在15期内容中，既有创始人物的功勋事迹，也有中华英豪的海外传奇，更有盛名远播的名师风采。

在活动现场，上海精武体育总会会长颜建平表示，有声书《精

武风云录》用多媒体音频讲述精武历史故事，是当代武术人的一次溯初心，明担当。“鹰爪王”陈子正、“太极名师”吴鉴泉、“武术大师”蔡龙云等近代武术史中的“闪亮”名字又一次在有声书音频中响起。《精武风云录》有声书由上海人民广播电台《中华武魂》工作室制作，未来将通过《中华武魂》全国联播节目在国内20多家电台联合播放。

上海人民广播电台党委委员吴纯钢表示，在融媒体时代，将近代武术人的爱国故事，用精品化、易传播的音频形式进行传播，这将是当代唱响爱国情、传扬精武魂、展示武术美、打响文化牌的一个新平台。据了解，近期上海精武体育总会还将发行新书《精武典藏人物卷：符保卢》。该书讲述了因奋勇抗日而牺牲的精武名人、中国“奥运健儿”符保卢的传奇事迹。这是当代武术人讲好中国故事、传承武术文化的一次新尝试。在活动现场还播放了《精武风云录》有声书关于精武名师“鹰爪王”陈子正的音频片段，其习武传武、爱国抗敌的故事引起了与会者共鸣。鹰爪翻子拳传人陈桂学也来到现场，他即兴表演了非遗项目鹰爪拳，让现场的武术爱好者大呼过瘾！当天，活动现场还举行了“霍元甲铜像”揭幕仪式，20名精武人展示了精武迷踪拳。据悉，明年是上海精武体育总会成立110周年，精武会将通过各种形式的武术文化活动，进一步弘扬精武精神、更广泛推广武术文化。

（2019年8月10日）

张业金带岳家枪来沪出席非遗项目展演

2016年9月3日下午，上海体育学院武术馆内，在参加非遗项目展演后，岳家拳第26代掌门人张业金接受了媒体记者的采访。他说，早在2008年已将岳家拳申报为国家级非物质文化遗产。如今他在传承基地这个“风水宝地”辛勤耕耘。

现任中国非遗岳家拳传承培训基地主任的张业金自幼习武，执教40多年，他的1万多名徒弟遍布全国各地，他也多次应邀出国交流访问，多次参加国际国内大赛共夺8块金牌。他编著的《岳家拳》、《岳家拳技击术》、《岳家神功与点穴绝技》、《岳家枪技击术》、《岳家六合拳技击术》、《岳家棍技击术》等岳家拳专著畅销海内外。在展演场上，他表演的岳家拳勇猛、霸气、刚烈、大度，绝招迭出，处处杀机，似穿越历史时空，再现当年武穆雄风。

据张业金老师介绍，岳家拳是南宋民族英雄岳飞所创，发源于河南汤阴，发展于湖北武穴。岳飞被害后，其四子岳震、五子岳霆逃到武穴市大别山下五郎关避难定居。将岳家拳传于武穴民间，代代相传至今，2008年，武穴市岳飞武校将岳家拳申报为国家级非物质文化遗产，张业金为岳家拳第二十六代传人。

岳家拳传承人张业金（中）他的女儿张奇娟（现在大学里教学生武术）与本文作者合影。

岳家拳由拳术套路，器械套路，气功与点穴和骨伤科等内容组成，拳术套路有：一字拳、二枝花、三双门、四门架、五法、六合、七星、八法、九连环、十字桩等十个主要套路。气功有沥泉功，生铁运功和点穴绝技。大刀、长棍、双锏、双锤、钩连枪器械套路均为岳飞爱将所用。攻防结合、一击必杀是岳家拳的特点，岳家枪是岳家拳械中最重要的组成部分。岳家枪，枪中之王，民族之魂。当年岳武穆跃马横枪，驰骋疆场，枪挑小梁王，大败金兀术，使敌人闻风丧胆，留下千古绝唱。“如今，作为武术文化，岳家拳有了传承人代代相传，发扬光大，这是祖国的荣耀。”张业金在即将结束采访时动情地说。

（2016年9月4日）

上海报业集团成立精武辅导站

2017年4月12日下午，上海报业集团纪委书记、工会主席刘可，工会常务副主席党勇带领近40名记者编辑组成的武术爱好者队伍，到上海精武体育总会参观访问并开展武艺交流活动。上海精武体育总会会长颜建平，副会长薛海荣、陈内华等领导参加活动。

在活动中，上海精武体育总会会长颜建平与精武静安辅导中心主任向上海报业集团精武辅导站授旗，并分别向太极拳沙龙班长许捷、总教练邹国樑颁发聘书。上海报业集团工会主席刘可宣布上报精武辅导站“85式太极拳”开班，并与学员们一起练起了太极拳。

在互动交流活动中，随着悦耳的音乐声，精武静安辅导中心的武术爱好者演练了《飞云刀》《龙身蛇形太极拳》套路，李国华、郑明章老师分别表演了《棍术》《麟角刀》套路；上报集团辅导站拳友展示了集体《太极拳》套路；最后，大家一起演练《24式太极拳》，把活动推向高潮。

在参观访问活动中，上海精武体育总会副会长薛海荣向报业集团辅导站的拳友们介绍了精武会的百年历史文化和精武先贤的事迹，上报集团的拳友们还游览了上海精武公园。

（2017年4月14日）

上海精武会举行《中国武术段位制》初段位晋考

2018年9月15日，上海精武体育总会二楼演武大厅人声鼎沸，2018年上海市《中国武术段位制》初段位晋考大会在此举行，来自企业，学校，武馆等单位的537名武术爱好者参加了晋考，加上今年上半年精武总会上门晋考的2 347人，总共有2 884人参加了武术段位考试，这一数字显示了上海武术运动正蓬勃发展，练武强身健体意识已越来越深入人心。

在中国武术协会上海精武考试点，上海精武体育总会副秘书长方婷告诉记者："为了方便武术爱好者晋考，今年上半年我们去浦东、奉贤、金山等远郊地区，上门进行武术段位考试，深受武术爱好者欢迎。今后送'考'上门这项工作还将继续，宁可我们自己辛苦一点，也要满足武术爱好者需求！这次晋考，考评委中有三位都是武术八段，他们有丰富的考评经验。"

在精武晋考大会现场，男女老少都有，大家都热情高涨。上海市闵行老年大学太极提高班学员继2017年武术晋段后，今年

又有12人参加晋考，上海市公安局长宁分局、长宁区检察院和法院的公务员也来晋考，晋级晋段作为自我激励的手段，能促使自己更好地练武健体，这已成为许多人的共识！国家新编竞赛套路太极八法五步推广，在精武静安辅导中心等地已经生根开花，静安辅导中心副主任陆永祥在临汾辅导站教学，重点讲解了八法五步的技术核心和动作要领，使学员很快学会了这套拳，并在静安中心各个辅导站广泛推广，这次晋考这些学员凭这套拳也顺利通过考核。

（2018年9月15日）

武术名家王培锟新书《武林拾穗》面世

2017年12月26日，上海精武体育总会举行王培锟新书《武林拾穗》首发签名活动。王培锟教授与来自精武各区辅导中心近百名老师面对面交流，并签名合影留念。

王培锟教授现为国家体育总局武术研究院专家委员会专家、中国武术九段、上海精武体育总会武术总教练。这次由福建科学技术出版社出版发行的王培锟著《武林拾穗》总共有15.3万字，分为“国内观赛”“海外采风”“普及感悟”“言武有道”和“武人武事”等章节，以散文、随笔体裁记录了“宝刀未老”的王培锟教授近5年来参加中国、美国、日本和韩国各类武术活动的感悟，从中可以看到一位老武术家对当代武术运动发展事业和中华武术文化传播的深切关注与深入思考。

（2017年12月27日）

上海市青少年武术（套路）锦标赛开赛

2017年5月6日，上海市青少年武术（套路）锦标赛在精武体育馆举行，来自各区少体校的青少年运动员220人参赛。

据悉，今年参赛人数不仅比去年多，而且年龄组别更加细化，分为ABCD四个组别，有利于运动员公平竞赛。锦标赛由上海市体育局主办，上海武术院（上海市武术运动管理中心）、上海市虹口区体育局承办。当天，各区少体校运动员发扬敢于拼搏精神，在45个竞赛项目的套路比赛中，无论是在华拳、长拳、南拳和太极拳，还是刀枪剑棍比赛中，总体竞技水平都有所提高，参赛人员基本功扎实，竞技意识也很强。

（2017年5月8日）

千名男子演练太极拳八法五步

6月22日，“五里桥杯”2019年上海市千人男子太极拳交流活动——太极拳、械传统武术比赛在黄浦区卢湾体育馆举行，比赛中还举行了上海市首次千人演练太极拳八法五步活动。据了解，目前上海市各社区至少已有5万人正在习练太极拳八法五步。

此次活动由上海市体育局、上海市体育总会、上海市老年人基金会黄浦区代表处、上海市黄浦区五里桥街道办事处主办，上海武术院（上海市健身气功管理中心）、上海市老年人体育协会、上海市黄浦区体育总会、上海市黄浦区五里桥街道文体团队联合会承办。本次比赛采用中国武术协会最新制定的《传统武术套路竞赛规则》。上海千人男子太极拳交流活动已连续举行二年，此次除了演练24式太极拳外，还演练了国家倡导推广的太极拳八法五步，由各区组成的60支太极代表队分批上场，随着美妙的音乐旋律翩翩起“武”，整齐划一，动作规范，让现场观众感受到了神奇的太极魅力。最终五里桥一队、三林镇一队、上海乐健太极拳队等荣获集体一等奖。中国武术六段、乐健太极拳队领队兼教练保琴接受媒体记者采访时说，太极拳八法五步简单易学，乐健一队二队学员比赛前刻苦训练，同时也从太极拳练习过程中提高了自己的免疫力和身体素质。上海武术院（上海市健身气功管理中心）行政负责人范本浩表示，按照国家体育总局和上海市体育局部署，上海市推行太极拳八法五步已取得初步成效，各社区已有5万多人练习，凭借着第

十五届世界武术锦标赛将在沪举行的“东风”，近阶段将在广大市民中掀起一波又一波的武术活动高潮，广泛普及和不断推进上海群众武术运动向前发展，进一步提高市民健康养生的水平。

（2019 年 6 月 26 日）

五里桥队获中老年人武术赛金牌

2015年上海市民体育大联赛“五里桥杯”中老年人太极拳、器械比赛于6月13日下午4:30在黄浦市民健身中心圆满结束。下午5点多，当最后一位参赛者离开，场内熄灯关门后，作为大赛的组织者、上海市老体协武术委员会主任纪光宇才松了一口气。

本次比赛参赛者有来自黄浦区、浦东新区、虹口区、闸北区、徐汇区、嘉定区、宝山区、闵行区、奉贤区、青浦区、宝钢集团等有关老体协、社区、街道、辅导站、文化中心、老年大学的中老年太极拳爱好者，也有不少武术能手。他们比赛时着装整洁、精神饱满。不少参赛队员展示的孙式、吴式、杨式、陈式等太极拳套路恰似行云流水，一气呵成；一些运动员器械表演也不俗，刀光剑影，引人入胜，如太极刀、武当剑、七星剑、游龙剑、青龙剑等都练得像模像样，得心应手，获得全场热烈的掌声。而运动员的迷踪扇、功夫扇和太极扇也获得观众好评。25个武术团队都发挥了各自的武艺水平。最后，黄浦区五里桥街道一队等9个队获得优胜奖，宝山区淞南松涛辅导站等8个队获得优秀奖，奉贤区老年大学等8个队获得优良奖。

2015年的上海中老年太极拳、器械套路比赛究竟有何进步？赛事总裁判长沈荣渭分析评判道：一是参赛队员对比赛规则有了较深了解，过去看热闹，现在看门道，这是裁判员培训班的成果在学员身上和比赛中得到了充分体现；二是参赛队员的热情进一步高涨，

比赛现场啦啦队、摄影队伍进一步扩展，各支团队“长枪短炮”装备齐全；三是裁判员服务意识进一步增强。不看参赛队员过去成绩，只看现场表现如何，比赛发挥得怎么样，凭的是各支参赛队的武术实力，看“真刀真枪”比拼，充分体现公平公正的服务理念。

“这么多的中老年人开展武术比赛，安全显得格外重要！”在老体协工作多年的纪光宇老师深感责任重大。他因此尽量把安全措施做得更细致、更到位，在赛前就与25支中老年参赛队都签订了安全协议书；并决定参赛队员可以“临阵”换人。考虑到老年人可能会遇到身体临时不适的情况，所以他特地加了这条人性化规定。同时他还在比赛现场配备了专职医生应急。武术比赛落幕了，老人们都安全离开了比赛现场，他心头的一块“石头”终于落地了。

（2015年6月13日）

蔡龙云为女子剑术赛冠军颁奖

2015年5月21日，当鹤发童颜的武术泰斗蔡龙云为获奖少女颁奖时，他再次露出了灿烂的“标志性”笑脸。

2015年全国武术套路锦标赛（女子赛区）剑术、南棍单项比赛昨晚19时在上海宝山体育中心拉开战幕，来自全国的许多武术女运动员敢打敢拼，体现了“稳、准、高”的水平。运动员们拼劲十足，杀声震天，全场响起了阵阵掌声和喝彩声。最终，在女子剑术比赛中，河北选手阚文聪以9.70分的成绩获得冠军，山西选手赵诗和安徽选手赖晓晓分别获得亚军和季军；在女子南棍比赛中，江苏选手魏海玲以9.70分的成绩获得冠军，福建选手陈惠颖和上海选手汤露分别获得亚军和季军。

在比赛现场，武术泰斗蔡龙云亲切勉励获奖的运动员要再接再厉，不畏艰难，争创更好成绩。

（2015年5月22日）

王培锟赴中小学生咏春拳赛颁奖

王培锟九段为获奖小选手颁发奖牌

5月18日上午，2019年上海城市业余联赛“聚咏堂杯”第三届上海市中小学生咏春拳比赛在黄浦体育馆成功举办，国家体育总局武术研究院专家委员会专家王培锟九段，上海市社会体育管理中心书记蒋丞稷，黄浦区体育局党组书记、局长沈云等出席了开幕式。

本届比赛吸引了来自全市25所中小学，338名选手踊跃参赛。与前两届赛事相比，本次比赛在项目设置上做了大胆的创新。除了保留原有的“咏春少年校园拳操”“咏春拳单黐手比赛”，还新增了“咏春拳散手比赛”，提升了比赛的对抗性和观赏性。

据本项赛事运营总监杨冰山先生介绍，今年上海还将于年底之前陆续推出全市性的幼儿趣味咏春拳比赛、大学生咏春拳比赛、覆盖各个年龄段的传统武术功力极限挑战赛和咏春拳大奖赛。

（2019年5月18日）

李慕真获上海武锦赛女子枪术冠军

7月2至3日，2019年上海市武术（套路）锦标赛在虹口（精武）体育馆举行，由各区体育局层层选拔的220名青少年运动员参赛角逐。本次赛事由上海市体育局、上海市教育委员会主办，上海武术院（上海市健身气功管理中心）、虹口区体育局承办。此次锦标赛将评选出“十佳运动员”“最佳教练员”和“小小武魁”等奖项。

7月2日，上海武术院党总支书记王立琴、上海中医药大学体育部主任吴志坤、上海武术院副院长刘广齐、虹口区体育局副局长李希恩等领导出席了开幕式。在锦标赛中，竞赛项目分为自选套路、国际竞赛规定套路和集体项目，含长拳+华拳、南拳、刀、枪、剑、棍和42式太极拳、42式太极剑等40多项比赛。

通过决赛，来自浦东新区的李慕真获得女子B组枪术第一名（9.12分），高旭扬获得男子B组枪术第一名（9.08分），来自松江区的刘天宇获得男子A组长拳+华拳第一名，其中“动作质量”获得9.6分。

（2019年7月3日）

陈正雷在沪开讲推手功夫要诀

近日，太极宗师陈正雷在上海太极之光·上海静修营进行了两天陈氏太极拳老架一路精讲，参加本次静修的弟子们收获颇多。首日，陈正雷九段给弟子们详细讲解了老架一路的要点、方法及技巧，纠正了一些弟子的错误动作，并规范了一些动作的技术要领，解答了弟子们平时教学中的一些疑问，在余下的时间里，陈正雷九段将着重讲解太极拳在实战中的运用及技击要领。

陈氏太极推手，就是两人搭手互相缠绕，根据太极拳粘、黏、连、随、松、活、弹、抖、不丢不顶、圆转自如、避实就虚、持巧不持力的原则，将抓、拿、摔、踢、打等基本技法融为一体，运用掤、捋、挤、按、采、挒、肘、靠八种方法和劲别，练习全身皮肤触觉和体内感觉的灵敏性，以达到人不知我、我独知人、意在人先、乘势借力、克敌制胜的目的，是一种练习高级技击技能的方法。

课程一开始，陈正雷九段随机叫来一名弟子，通过现场实战，让大家一饱眼福，陈正雷九段表示检验功夫高低应从三个方面考量：

1. 内气贯通。首先内气要饱满充实，在体内形成一种气感，它起到保护性的作用。气感的体现先在手上，再沉于丹田，还要能贯穿到脚底，通过这三个过程，检验气感是否贯通。

2. 脚下生根。让对方搭手推一推自己，是否能被推动，通过这种方法，检验自己脚下有没有生根。

3. 身法灵活。下盘稳固，上肢轻灵，身法灵敏，通过感应对方来力的变化，调整身法，化解来力。

（2017年5月16日）

金金娣等成“中老年太极之星”

2017年12月17日下午，“五里桥杯”2017年上海市“中老年太极之星”评选（总决赛）在上海市黄浦区五里桥社区文化活动中心剧院举行。

随着舞台帷幕徐徐拉开，美妙的太极音乐响起，竞赛者翩翩起“武”，练武者和近400名观众共享太极带来的快乐！这次由上海市体育局主办的群众武术比赛评选活动，首次选择在舞台上展示太极文化，通过层层选拔赛中晋级的运动员，在舞台上演绎陈式、杨

“五里桥杯”2017年上海市“中老年太极之星”评选（总决赛）举行

式、吴式、武式、孙式太极拳和太极器械等多个拳种器械，展示了上海市民健康生活理念和良好的精神面貌。

经过半天多的比赛，共有41名中老年太极拳爱好者分别荣获“金星奖”“银星奖”和“优胜奖”。“上海市民武术比赛从场馆走向舞台，不仅改变了以往群众比赛的模式，而且更能体现太极文化的内涵，让人们从舞台美景中感受传统优秀文化的魅力！”上海市老年人体育协会武术委员会主任陈德友在现场接受媒体记者采访时说。

这次荣获“金星奖”的金金娣女士赛后谈起了自己的获奖感言：“这里的舞台背景、太极音乐与练武者服装搭配，让人身心愉悦，拳艺也能更好发挥。”她今年71岁，47岁时心脏出现了健康问题，经过几年的医疗康复后，53岁开始学习太极拳。从那时起，坚持18年每天练武不辍，先后跟苏黎献、纪光宇等老师练武，拳艺有长足进步，曾多次在国内外武术比赛中获奖。习武后，她不仅改善了身体状况，还锻炼了意志。值得一提的是，这次比赛钱文杰、陆熙夫妻也双双获得了“金星奖”。

（2017年12月18日）

葡萄牙女博士生在沪夺太极金牌

2019年5月25日，由上海市教育委员会、上海市欧美同学会主办的2019“上海银行杯”第三届上海高校国际学生太极拳友谊赛在上海体育学院隆重举行，来自40多个国家近180名太极拳选手参加了比赛。

此次比赛旨在贯彻落实我国新时期教育对外开放工作精神，营造丰富多彩的校园生活和良好的留学上海的文化氛围，以中国传统文化来感染和熏陶国际学生。

上海市教卫党委副巡视员、市教委国际交流处处长杨伟人，上海市欧美同学会常务副会长陆建飞、专职副会长朱玲玲，上海银行副行长黄涛，上海体育学院党委副书记潘勤、副院长王兴放，上海中医药大学党委副书记、副院长朱惠蓉等出席大赛开幕式。

开幕式上，来自上体学院学生的竹竿舞、花样跳绳和集体太极拳表演为现场营造了热烈的气氛。

经过当天比赛，参赛高校国际学生团体赛和个人赛已经决出名次。在集体项目中，上海体育学院代表队的32式太极剑和上海中医药大学代表队的24式太极拳荣获一等奖；上体院攻读体育管理学博士的美丽（中文名），既参加了集体32式太极剑，又在个人24式太极拳获得一等奖。赛后，这位来自葡萄牙的姑娘接受媒体记者采访时，兴奋地说：她已经深深爱上了太极，通过学练太极，也爱上了中国传统文化，她非常喜欢在上海生活。她表示未来的方向就是武术教学，希望通过武术比赛、课程和讲座，赴太极发源地考察，进一步提高自己的武术技能和对中国太极文化的理解。

这次获得太极拳和太极剑两项一等奖、来自于非洲贝宁共和国的国际学生太极（中文名）可以称得上武痴，他从7岁起就开始在当地的中国文化中心跟随孙敏青（如今回西安教拳）教练学习长拳，至16岁时由于受伤就改练太极了。如今，他练习的气功、太极拳剑和太极推手都有很大进步，他每天早晨在上海江湾体育场教一群老年人练习气功不亦乐乎。20年的太极生涯，他深有感悟：太极不仅可以提高身体素质预防疾病，而且从中还可以探索生活哲理，使人与自然和谐相处。

（2019年5月26日）

上报集团太极队健身日集体演武

2019年8月5日中午，上报大厦43楼罗马厅里，上海报业集团工会常务副主席党勇宣布：2019年上报集团太极拳队健身日活动开始。随着美妙的音乐旋律响起，编辑、记者和职能部门职工先后登台，练起了各类太极拳、剑术等项目，展现了上报人的风采和精神面貌。

上报集团工会太极拳队自2016年4月成立以来，发展迅速，集团技术处副处长周虹乐当太极拳队训练“召集人”，坚持定期定时训练，练太极人员从最初的几人发展至100多人，集团太极拳队总教练邹国樑悉心传授各类太极拳和太极剑术，广泛传播太极文化。“弘扬太极精神，铸就上报品牌”也成为今年健身日活动主旨。上海报业集团所属的解放日报、文汇报和新民晚报等媒体及其他职能部门人员先后汇报展示了八段锦、五禽戏、太极拳八法五步、24式、42式太极拳、42式太极剑、杨氏28式、陈氏精要18式等，最后以刚劲有力的精武迷踪拳作为压轴项目。每个武术节目演练后，中国武术六段、武术段位制一级考评员、上报集团太极拳队总教练邹国樑就进行生动讲解和精要点评，让参赛的太极拳爱好者受益匪浅。

（2019年8月5日）

千人展示龙身蛇形太极拳

6月6日清晨，2019上海市民武术节·非遗龙身蛇形太极千人展示活动在滨江大道举行，来自上海各区辅导站1 300多名龙身蛇形太极拳爱好者齐聚黄浦江岸，集体演练龙身蛇形太极，一起迎接中国文化遗产日，庆祝中华人民共和国成立70周年。

上海市体育局、上海市体育总会、浦东新区文化艺术指导中心、陆家嘴街道、SMG《中华武魂》工作室、陆家嘴滨江居委等单位对本次活动给予指导和大力支持。浦东新区文化艺术指导中心主任王玺昌先生，原上海武术院院长严辉先生，陆家嘴街道滨江居委书记陈路女士，中华武魂吴舜女士、何佳女士等领导嘉宾莅临现场观摩本次培训活动。

本次千人展示活动，拳友们身穿练功服，随着美妙的音乐，翩翩起“武”，演练的队伍绵延数公里，犹如一道亮丽的风景线，体现了“传承文化根脉，共筑民族未来”的坚定信念，展示出了龙太极人健康向上的精神面貌。

通过本次活动也让更多人通过练习龙身蛇形太极共享健康、快乐，让更多人一起运动起来，相互影响、交流、促进，从而增强习练者对非遗项目龙身蛇形太极的保护意识，让龙身蛇形太极文化进一步得到传承发展，永不断流。

（2019年6月10日）

龙身蛇形太极拳走进静安区北站社区

雷龙兰在教授龙身蛇形太极拳

2016年5月11日上午9:30上海市非物质文化遗产“龙身蛇形太极拳”在静安区北站社区学校402室开班教学，由授权教练雷龙兰老师执教，这学期为15节课。

据雷老师介绍：龙身蛇形太极拳由瞿荣良先生创编。瞿先生潜心研究、不断创新，精一家之学而采百家之长，在全佑老架的基础上将所学的陈式老架、杨式小架、吴式、常式太极拳融会贯通。以太极阴阳为基础、以运动医学理论为指导、以强身健体为目标、以攻防相结合的演练方式、以弘扬中华传统武术为精神，去不符运动医学、有损器官关节之动作，存各式之精华，将十三式等不外传的太极单练动作加以整理，并在练习过程中有意识地将心意六合拳的劲意贯穿于太极拳中，最终形成了今日独树一帜的“龙身蛇形太极拳”。

（2016年5月16日）

复旦少龙20岁风华正茂

2018年12月22日，复旦少龙同学会在复旦大学隆重举行庆祝复旦少龙拳术俱乐部成立二十周年的庆典活动。

应邀出席本次庆典晚宴活动的复旦少龙社团顾问有：国家武术九段、中国十大武术名教授王培锟先生，复旦中文系教授、著名书法家晏海林先生，中国浦东干部学院办公厅原主任王洪水先生，著名品牌策划人黄洪鲲先生，光大证券金融专家席平健博士，中国风服饰品牌开创者张贺衔先生，新沪商协会知名企业家郑晓东先生等。此外，还有上海精武体育总会副秘书长方婷老师，原上海海事大学体育教学部副教授方媚老师，邓福鑫功夫馆的蒋为华、翟存亮、吴爱民、秦华、钱震东、江前文等，上海书画名家王立群先生，沃富林汽车音响连锁集团总经理杨德溪先生，韵达快递副总裁杨周龙先生，上海博鸿投资公司总经理张其羽，子墨德儒商品牌创始人颜辉子墨先生以及复旦体教部史有为老师、孔繁辉老师，复旦诗社著名诗人刘原、李彬勇先生，复旦青年世界联合会理事苏南、刘永龙、李鸥等180多名嘉宾亲友。

此次庆典还收到了中国城市商业网点建设管理联合会商业大数据建设工作委员会、复旦少龙社团创始成员、中山大学传播与设计学院院长、教育部青年长江学者、1996级复旦新闻系杰出校友张志安教授，世界华裔艺术家协会主席、中国炎黄画院院长、原美国复旦大学校友会副会长、美国洛杉矶加州大学终身教授徐纯中先生，中国龙泉宝剑掌门人、著名铸剑大师张叶胜先生，美国林如高中医药发展促进会和福建省林如高纪念馆馆长、国医大师林子顺先生，中医传承人林秋、林芬博士，邓福鑫功夫馆等各界人士发来的贺电贺信。

年少酬壮志，飞龙冲云天——这是少龙社团的永恒格言。它是由1996级复旦法学院校友郭骏在创立复旦少龙拳术俱乐部时寄语全体少龙会员的诗句。前半句意指，“为振兴中华立志”；后半句意指，“为民族复兴建功”。

1998年12月25日，复旦少龙拳术俱乐部在复旦大学本科生学生会注册成立。复旦少龙社团积极推动复旦大学与上海精武总会等武术团体的文化交流，为上海高校武术文化发展作出了突出贡献。作为中国传统武术类社团，20年来坚持推广中国武术文化，这本身就是难能可贵的尚武精神。

20年来，复旦少龙社团一直秉承“团结、服务、牺牲”的复旦精神。翻阅复旦少龙社团二十年的“大事记”，我们可以清晰看到他们坚定向前的步伐。他们参加校内外的公益组织活动，在复旦校内发行自己的《功夫报》刊物，制作并出品复旦首部原创功夫话剧《精武风云》，原创主办三届上海高校“武侠金曲歌手”大赛，多次主办上海高校武术交流盛事，原创出品复旦大学110周年校庆纪念电影短片《回家》。他们还创办了复旦电影编剧俱乐部、MBA电影俱乐部等大学生电影社团，希望用电影来传播“中国梦”。复旦少龙社团一直以来拥有使命感和责任担当，不仅为复旦校园文化作出了积极的贡

献，也是上海高校大学生武术类社团的杰出典范。复旦少龙社团因此赢得了上海武术界、文艺界等校友们的广泛支持与帮助。

本次庆典活动主题为“感恩导师，表彰英勇，团结贤良”。复旦少龙同学会特此向各位少龙社团导师赠送“龙泉宝剑”和名家书画作品；同时表彰了历年来为复旦少龙社团发展作出杰出贡献的社团骨干，授予他们“少龙佩剑”以及“龙渊功勋奖”荣誉证书等。此外，活动中还对特别支持少龙社团的社会各界亲友们颁发“少龙功勋奖”。68岁的精武会教练张世刚老师现场表演了“童子功”，赢得了观众掌声和喝彩声。

（2018年12月22日）

全国太极拳健康工程上海站公开赛举行

2019年8月17日上午，2019年上海优秀武术项目交流展示暨全国太极拳健康工程系列活动——“中国太平杯”太极拳公开赛（上海站）在上海中医药大学体育中心举行。本次大赛共吸引了500多太极拳手参赛。

本次活动由国家体育总局武术运动管理中心、中国武术协会、上海市体育总会主办，上海武术院（上海市健身气功管理中心）、上海中医药大学体育部、上海市老年人体育协会承办，上海市老年人体育协会武术委员会协办。

当天，来自上海的8家参赛单位分别作了优秀武术项目的交流展示：有精武体育总会的精武特色拳种、中华武术会的黑虎拳、闵行太极拳协会的传统杨式太极拳、松江区武术协会的中南形意拳、黄浦区咏春拳运动协会的咏春拳、宝山区武术协会的太极拳、浦东新区武术协会（观澜小学）的集体华拳和上海市老年人体育协会的太极剑等。沪上拳手们展示了中华武术的博大与精深。

2019年世界武术锦标赛将于10月20日至23日在闵行体育馆举办，目前为世锦赛造势预热一浪高过一浪，随着比赛日临近，整个上海的武术运动氛围将更浓郁。

（2019年8月17日）

伊朗留学生夺男子太极器械金牌

9月29日下午，为期两天的2017年上海国际健康太极拳交流大会在黄浦区卢湾体育馆圆满落幕。来自国内外的358名武术运动员相聚一堂，互相交流，增进了友谊。此时，我们把采访的镜头对准了他们……

来自伊朗的留学生易正（中文名）在比赛中获得男子太极器械一等奖，他高兴地对媒体记者表示："练太极拳给了我了解中国传统文化的机会，我将在上海中医药大学求学的过程中，努力把太极文化与中医文化结合在一起！"

"如果把长期练习太极拳的过程比作攀登人生的一座座山峰，我愿做山峰上的鹰！"中国武术六段王凤英老师接受记者采访时说。这次她获得三个项目的一等奖，她带领的峰鹰太极队也获得了15金7银的好成绩。她特别珍惜主办方为国内外太极拳爱好者提供的交流平台，能借助这次赛事与其他团队老师互相交流教学经验。

去年被评为上海市"功夫民星"的保琴老师早在几个月前就开始带

领她的乐健太极拳队进行艰苦训练，这次比赛也取得了优异成绩。她说："学习太极拳无止境，我乐在其中！"

据了解，上海老体协武术委员会主任陈德友和老主任纪光宇赛前曾多次召开领队教练会议，关心各太极拳队报名情况，听取大家意见与建议，布置协调各项赛前工作，并在赛事中不断调整参赛队员的竞技状态，圆满完成了本次大型太极拳交流活动的各项组织工作。

本次活动的总裁判长张福云说："太极让大家有缘在一起交流分享太极拳带来的健康与快乐！本次太极拳交流大会不仅仅是一次中外太极拳爱好者的展示活动，比赛也带动了更多人练武强身，进一步推动全民健身运动的发展，通过太极拳交流，还可以增进各国人民之间的友谊。"

（2017年9月29日）

瞿荣良七段陆家嘴开讲五行功法

2019年5月26日上午，2019年上海城市业余联赛、上海市民武术节、龙身蛇形太极五行功法培训活动在陆家嘴金融城文化中心5楼多功能厅举行，来自全市50个辅导站400多名太极拳骨干、太极爱好者冒着倾盆大雨赶来，座无虚席，连走廊也站满了人。

龙身蛇形太极拳五行功法是中国武术七段、中国大学生体育协会民族传统体育分会副主席瞿荣良于2017年创编的。由起势、手挥琵琶、提手上势、白鹤亮翅、如封似闭、玉女穿梭、收势七个动作组成。瞿荣良七段在课堂上深入讲解了五行功法每个动作如何拉伸人体经络循序渐进调节五脏六腑的原理。龙身蛇形太极拳总部教练徐冠楠则现场演示了相关动作，让观众获得直观感受，掌握动作要领。

瞿荣良于2011年创编龙身蛇形太极拳，并在上海文汇出版社出版发行《龙身蛇形八十五式太极拳》一书。经多年推广，目前这一上海本土太极拳种已在上海、天津、浙江、湖南等地建起180个龙身蛇形太极拳辅导站，全国共有10万多人练习龙身蛇形太极拳，并在持续增加中。仅2018年，龙身蛇形太极拳就开展教学培训10人以上的活动近10 000场，全年培训人员达60 000人次以上。

（2019年5月28日）

武林晚辈探望“中华奇人”陆国柱老人

7月24日下午，89岁高龄的中华奇人陆国柱在家里接待了前来探望的雷必升之女雷龙兰（中国武术六段）、书法家凌冬青和作家洪嫚等人。

陆国柱老人曾先后创下9项基尼斯纪录，如今他依然身体康健，练功不辍，还能凭二指禅将自己身体撑起悬空，并正筹办自己的书法艺术作品展。

精武老一辈武术家雷必升曾与陆国柱老人联袂在国内外多场武功表演中展示中华武艺，两家结下深厚友谊，2016年，86岁高龄的雷必升因病去世，其女雷龙兰接过父亲衣钵，在上海精武闸北公园辅导站等地继续义务传授中华武术，并在全市各项武术比赛中多次获奖。

交谈时，陆国柱老人勉励武林晚辈继续为弘扬中华武术尽心尽力，临别前他还赠送来访者每人一本《走过的影子——陆国柱从艺传记》。

（2019年7月25日）

邱丕相九段办书法展助力武锦赛

为助力第十五届世界武术锦标赛，中国武术十大名教授之一、中国武术九段邱丕相与当代艺术家何炜扇面书画艺术展于7月18至19日在沪举行。本次展览的41幅扇面书画中，书法作品均来自上海体育学院教授、博士生导师邱丕相，画作来自当代艺术家何炜。

邱丕相的行草书法融入了中华武术的精气神，极具艺术表现力。他的《武魂》《无极》《书剑》《品茗听琴韵，把酒说剑经》等书法飘逸豪放，《畅怀英雄气，坦荡君子风》则反映了他的一贯作风和人生追求。在他的一幅《引进落空》扇面前，兴致勃勃的邱丕相教授与艺术家何炜一起练起了太极推手，当场为他的学生与朋友演示如何“引进落空”。

作为国际武联的首批国际级裁判，邱丕相曾多次出任亚运会、世锦赛、全运会武术比赛总裁判长。他擅长华拳、翻子、八卦掌及剑术、鞭杆等多种武艺。

（2019年7月20日）

希腊青年在上海苦练吴式太极

2016年8月21日晚，精武训练馆灯火通明，在悦耳的音乐声中，太极静修堂的近20名年轻学员演练起吴式太极拳30式、传统108式、快拳、乾坤剑、对剑等武术项目。

这些太极学员中最小的仅14岁，还有来自希腊的外国青年。据吴式太极拳第五代传人周中福老师介绍，吴式太极拳以柔化著称，架子斜中寓正、松静自然，招势严密、细腻绵柔。希腊学员迪米特瑞斯说，学练太极不仅可以改善体质，放松身心，还能处事沉稳。14岁的小女孩陈凯文已经练武7年多，她觉得练太极可以培养自己的意志，不畏困难。年轻管理人员张竣凌表示，学练太极后，根据太极阴阳原理，在生活中追求平衡，换位思考，就会解决很多问题。

（2016年8月24日）

中华武术会百年纪念创编尚武刀

周凯伟教练在传授尚武刀法

5月8日上午是中华武术会会员的练功日，在孙中山先生挥毫题赠的“尚武楼”牌匾下，20多名中华武术会会员在周凯伟教练言传身教下，练起了该会新创编的尚武刀和各种拳械。

今年是中华武术会成立100周年，为了准备该会百年庆典，中华武术会原副会长、武术名家周凯伟特地创编了一套尚武刀健身功法，现每逢周三在该会进行集中培训。

中华武术会的前身是中华武侠会，初创于1919年。众多武术名家相继在中华武术会传授武术，形成了以查、滑、红、炮等系统拳种为主的教学训练专业武术协会。2014年起，中华武术会在黄兆强会长率领下，创新推出了赵堡太极、太极心法、蛇雀太极、内家拳等多个专业委员会，进一步强化了传统武术在上海的推广力度。

（2019年5月9日）

查拳专委会将青少年列为推广重点

2019年12月14日，上海精武体育总会传统武术研究中心查拳专业委员会年会在精武会顺利召开。会议由查拳专业委会副主任刘勤才主持。查拳专业委员会主任李新建作总结发言。李新建指出：查拳“光大传承，重在少年”，并将此列为2020年工作规划重点。

查拳是中国传统武术中的优秀拳种之一。2008年，查拳经国务院批准列入第二批国家级非物质文化遗产名录。随着全民健身热的兴起，如今不少青少年也加入了查拳爱好者的行列。年会当天，上海查拳爱好者们进行各路查拳表演时，就出现了不少青少年的身影，其中还有才4岁的孩子参加各类查拳展示。武术爱好者们还在年会上先后表演了三路飞脚、棍术、苗刀、十路弹腿、六路短打、双刀、提袍剑、五步拳、二路查刀、九节鞭、48棍对打、甲组剑、绳标等武术项目，让人大开眼界。

精武成功举行武术段位制晋考

11月16日，2019年上海市“中国武术段位制”晋考在上海精武体育总会举行，来自本市各区的318名（中段位190人，初段位128人）武术爱好者参加考试。据统计，今年9月份至今仅精武会考点就有791人参加晋考。上海武术院党总支书记王立琴出席本次晋考大会，中国武术九段王培锟教授担任考评长，中国武术八段、国家级裁判曾美英担任考评委顾问，中国武术八段、国家级考评员方媚、何君岗，一级考评员平志刚、石双林、高长兰担任考评员。

上海精武体育总会已经连续多年举办武术段位晋考、开展段位制培训班，努力做好普及推广段位制工作。今年，上海精武体育总会武术段位制工作更加规范和高效。工作人员在晋考前明确分工、各司其职、统一服装、持证上岗，确保工作效率和质量。同时，精武会今年还利用新媒体宣传段位制晋考，参加晋考者通过上海精武会微信公众号可以查询各自的考试编号、考试时间和考试成绩，上海精武会将“爱国、修身、正义、助人”的精武精神融入武术段位考的工作之中，致力于普及武术文化，推动全民健身，为市民提供更便捷的服务。

在晋考现场，记者随机采访几位考生。19岁的张梦如是上海工商外国语职业学院英语专业学生，她7岁开始跟爷爷张汉桥学武艺，已有12年拳龄，此前她参加今年第八届世界传统武术锦标赛获拳剑金牌。学武不易，贵在坚持，武术培养了她做事耐心和意志坚强。这次她演练陈式56式太极拳和42式太极剑，顺利通过了五段位考核，她说："要继续努力，虚心向老师求教，深刻领悟武术内涵，同时我也会教9岁妹妹练武。"

考生傅蕾杰在上海体院体育教育专业学习时已获得武术四段位，距今已有11年了，再次"拾起"武术是因为在小区遇到了新场东育拳社的孙剑狄老师。如今在中学当教师的她感慨地说："孙老师专业精湛的拳技，无私弘扬武术的精神深深感染我，让我有信心走进了精武会大门考五段，这是对自己拳艺的检验！我内心深记师父弘扬传承传统武术的信念，要把太极拳的技艺教授给我的学生们，更要把师父身正为人的品德灌输给他们！"

浦东举行龙身蛇形太极拳比赛

11月22日下午，2019年上海城市业余联赛“浦东·高东杯”龙身蛇形太极拳专场比赛在高东门球主题公园举行，来自本市各辅导站25支团队近400人参加活动。

龙身蛇形太极拳是上海本地原创太极拳种，由精武会知名武术家瞿荣良七段创编，已在全国多个省市普及推广。高东杯龙身蛇形太极拳专场比赛开办至今也已连续6届，参加人数越来越多，不少上班族也加入参赛者队伍。今年最大的亮点就是集体龙身蛇形太极自编套路，该套路讲究形式健康、科学、文明、新颖，要求整套编排动作80%以上为龙身蛇形太极拳元素。参赛团队各有亮点，队形变换丰富，有些团队还融合了龙身蛇形太极拳双人男女对练等形式，体现出龙身蛇形太极拳龙走蛇游、极柔极刚的特点。

上海武术协会副主席、上海中医药大学体育部主任吴志坤，上海精武体育总会副会长薛海荣，中国武术九段王培锟，中国武术九段虞定海，中国武术八段曾美英，中国武术八段方媚，中国武术八段方婷，上海精武体育总会太极拳教练石双林等出席了本次活动。

肖兵来沪传授“佛山推手”

2019年11月30日，上海体育学院中国武术博物馆体操房内，在广东佛山中国武术六段肖兵老师示范指导下，一群家长和孩子一起兴致勃勃地练起了“佛山推手”。

“弓步、虚步、左边、右边……”当天下午，“佛山推手”创始人肖兵六段应中国武术博物馆副馆长王震之邀，向家长和孩子悉心传授了“佛山推手”的动作要领。活泼好动的孩子们对这项新颖的太极推手活动充满兴趣，手握鸡蛋（不能碎）认真摆动着小身躯，就是家长们也学得特别起劲，很快掌握了技术要领。“想不到一个简单的推手运动，居然能推得汗流浃背，开心又健身。”一位参加活动的女士说。她平时忙于上班，长期伏案工作，腰椎和颈椎劳损严重，她高兴地说，今后和孩子一起在家推手就能健身了。

“佛山推手”是佛山武术人肖兵、黄伟忠在太极推手项目上简化创新而来，在2007年就被纳入中国国家武术院课题科研成果，同时还衍生了太极推手女神挑战赛、家庭太极推手亲子比赛、旗袍推手赛等形式多样的活动。有关专家认为，此项推手运动可以结合推手团体赛事，走进校园、企业和社区，让更多市民认识和练习这项老幼皆宜的健身运动。

复旦大学举办第二届“武林大会”

12月7日，2019年复旦大学第二届“武林大会”决赛展演在上海复旦大学正大体育馆举行，共有584名大学生参赛，通过龙狮、射箭、太极推手、投壶四项比赛，更多大学生领略到了中华优秀文化的独特魅力。

在决赛展演现场，来自太极拳课程、段位长拳、段位剑术班和龙狮课程的大学生们先后登场汇报展示了精彩武艺。武术运动员们先后展示了拳、剑、棍、扇等比赛项目，卿云弓社展演了箭阵，复旦大学龙狮协会也把传统的龙狮项目融合现代艺术进行了展演。

继2017年复旦大学首届“武林大会”成功举办后，今年举办的第二届武林大会再次展示了我国优秀民族传统体育文化。在近两个月的比赛过程中，复旦学子们积极参与，领略了激情澎湃的南狮竞速障碍赛，体会了姿态、礼仪、心力、修养齐备的传统射艺，感受了阴阳相倚、刚柔相济的太极推手，学会了谦和、修心的投壶之礼。通过以上竞赛与展演活动，复旦大学拓展了校园体育文化活动形式，也推动了民族传统体育项目与非物质文化融入大学校园，传播了中华优秀文化。

中国武术博物馆开启新坐标

如今，位于上海体育学院内的中国武术博物馆接待国内外的宾客越来越多，不仅成为上海一道靓丽的旅游风景线，而且也架起一座让世界武术爱好者了解中国武术起源、武术文化的桥梁。上海大唐博物馆艺术研究所所长李玉棠是主持中国武术博物馆第一期工程展示设计和施工布展的见证人，他接受记者采访时，回顾往事感慨不已……

承接毛坯房等于练散打

李玉棠所长清楚地记得，2007年11月10日，中国武术博物馆在鲜花簇拥和喧天锣鼓中如期开馆。这座博物馆从“毛坯房”开始建馆，经过无数次的交流沟通，历经种种艰难，最终方圆满完工。

1973年，李玉堂参与的第一个博物馆陈列设计项目是上海“鲁迅纪念馆”，之后，他从“中共一大纪念馆”到北京“中国人民革命军事博物馆”、陕西“秦始皇兵马俑博物馆”等等，先后参与100余所不同类型的博物馆纪念馆建设，但是，在一座毛坯房基础上建一个在国内从未有过的“武术博物馆”对他依然是一个不小的挑战。

拟作博物馆的毛坯房原计划是建上海体育学院的室内运动场，单层，简易，砌块式构成，保温性能等都存在不少问题，要将它过渡、修改、设计，按照国家对博物馆建筑的基本要求，最终建成开放式的公共博物馆难度确实不小。而且时间要求又紧，时值阳春三月，当年底为迎接上体院院庆必须开馆。用武术界的术语来讲，这里无法采用“套路”，而只能采用“散打”方法。

他审时度势，当即建立了现场工作班子：“武术博物馆现场协调组”，分兵几路，迅速启动。第一路，与基建方协调；第二路，与设计方协调；第三路，与业主方协调；第四路，布展施工方内部协调。那时节，进进出出现场的各类单位少说也有几十家，光是建筑公司就有十来家。当时练“散打”时，协调组决定采用“立体施工”的特殊方式，即在整个建筑室内空间“上下一起动”，甚至加上展馆外部环境，“里外一起动”。不按传统建筑施工“套路”出牌，试举几例：上面在吊顶，下面在同时铺地砖，脚手架随时根据需要移动让位。展厅中心序厅部位是整个陈列主题所在，还有一个圆柱形立体高浮雕，必须同时进行。无奈之下，现在馆内陈列的一组环形玻璃大柜，当时只能在毛坯水泥地上开始搭建，等等。一切不按常规出手。唯一需要理性冷静把控局面的是安全与质量，必须要让武术博物馆这个项目经得起历史的检验。

创作“怒镇洋人的蔡龙云”

中国武术博物馆里的“散打”场地展示的是大名鼎鼎的中国武术界权威、泰斗级武术大师蔡龙云，他在20世纪20年代一举击败了俄罗斯拳击手而名震海内外。李玉棠说：“依据一张当年的老照片，我们创意在展厅的这一章节设计一个“蔡大师怒拳镇洋人”的蜡像场景，效果图获得各方领导认可。我们满怀信心联系上全国小有名气的一家雕塑公司，委托对方按设计方案完成场景中的关键人物两尊蜡像，一个为蔡大师怒目提拳的英雄形象，另一个为狼狈倒地的俄罗斯拳手。没想到，公司一报价，把我们设计师吓得退避三舍，详细询价方知，我们通常了解的蜡像制作价格大都是一个头、两只手，中间躯干部分基本以服装为主。而这次蔡大师的形象设计依据当时照片为赤裸上身，气概非凡……雕塑公司经过成本核算，蜡像主材“硅橡胶”的用料是一般蜡像的三倍以上。价格大大超出了设计预算，该怎么办？时间又不允许调整方案或另起炉灶。情急之下，李玉棠亲自出面向雕塑公司老总讲述了蔡大师怒镇洋鬼子的故事……该企业老总为此大受感动，出人意料地一口答应本次蜡像价格维持常规的一个头、两只手的原价，以企业的让利行为全力支持设计方案，弘扬民族正气，圆满促成了特定的历史场景展示。

邱丕相的书是启蒙书

李玉棠说起与武术结缘时很兴奋。他从小喜欢武术，家住市中心人民广场附近，旧称“东新桥、菜市街”。小学是人民路上的“黄浦区第一中心小学”，和老城厢豫园咫尺距离；中学是毗邻人民广场的“上海市格致中学”。他小学时在南市区旧校场路上常看见使枪弄棍的民间习武之士，中学时代也常看到人民广场绿化林带里的武术正规教练；一直到“文革”开始了，百无聊赖之际，自然也走进了“练练拳脚”的开心一刻。先是“偷看”模仿，后来越发上心，就去书店买了几本武术小册子，开始是《初级长拳》《南拳基础》，兴趣日浓，逐步扩大自学至《初级刀术》《初级剑术》《初级棍术》等等，直至“上山下乡”，才遗憾中止。所以，这次有机会参与“武术博物馆”的设计布展，李玉棠暗中高兴了好几天。之所以不能明显流于外表，实因一晃已是年近六旬，又担任美术布展公司职务，工作是工作，兴趣是兴趣，必须内外有别。这一内心的“平静”却被中国武术九段、上海体育学院教授邱丕相的一本书彻底打破了。正值“中国武术博物馆”紧张推进之时，他得知邱丕相教授的大作《中国武术文化散论》问世，如获至宝，连夜捧读了好几宿，深深为邱教授丰富的实践、精湛的理论所折服。他情不自禁带着这本书冒昧拜访了百忙之中的邱教授，一来由衷表达他对传统武术文化的热爱，二来借机请邱教授为他手中之书签名留念。他如愿以偿，十分高兴，从此，除了练练拳脚兴趣外，他更深入了解不少武术的真谛。李玉棠今年已是“古稀之人”，长拳、南拳、少林之刚健动作再也不能适合，但还有魅力无穷的“太极拳”正可以满足他的武术初心。他读邱教授大作，其中就有一个章节“武术健身”，全部是论述太极拳的精华和练习太极拳的深远意义。李玉棠下决心晚年潜心于此。

博物馆冠名不易

李玉棠说起中国武术博物馆名称之由来，这里还有一段“小插曲”：在武术博物馆陈列布展工作顺利推进之时，碰到了一个意想不到的、颇为棘手的问题。按照体育学院领导和老师们的愿望，并比照全国同类武术专业的场馆，无论从面积、规模、拥有文物的数量和质量，上海体院的这个“中国武术博物馆”可以称得上是全国一流。联合国对“博物馆”功能的三大定位：收藏、研究、展示，在这里一应俱全，堪称名副其实的“中国武术博物馆”。但是在向有关部门申报登记时，却碰了壁。原因是不可冠以“中国”字样，如一定要建“中国XX馆”，必须经国家民政部门审核。其实大家都明知，在这么短的时间内，要走国家民政部这条路，几乎是不可能的。但是，上海体院上下都不愿意看到冠名是“上海体院武术博物馆”，或者“上海武术博物馆”等等。在左右为难之时，李玉棠依据以往对博物馆定名的经验，他建议上海体院武术系几位老师换一个思路考虑申报。参照“上海中国画院”的取名，他建议将武术博物馆的前缀定义为“中国武术”，而区别于“日本武术”“东南亚武术”，等等。内涵的界定属于上海的“中国武术”博物馆。这样一来，上海的民政部门就可以名正言顺办理相关手续。中国武术博物馆馆名获批后，蔡龙云大师欣然题写了馆名“中国武术博物馆”，

经加工成立体的馆牌，安放在建筑楼顶，光彩夺目的大字让人一目了然。

人生经历丰富的李玉棠深深体会到：时间，决不会和你玩“套路”，时间总是以“散打”的方式，与你竞技。他承接上海体育学院的“中国武术博物馆”，学到了许多人生哲理，开启了新的人生坐标！望着自己的“孩子”（各类博物馆）一个个诞生，他非常开心，表示再苦再累也心甘情愿！

郑明章获功夫民星决赛武榜眼

“酷爱武术，敢于担当，充满爱心”，这是许多武术界前辈和武术爱好者对郑明章老师的概括性评价。郑明章于11月20日参加“2016上海市民武术节”“功夫民星”决赛，并夺得大赛武榜眼（第二名）。他接受媒体记者采访时表示：“尚武崇德是我毕生的追求，大力弘扬精武文化是我在社会生活中的重要内容。”

苦中有乐的感觉

蒯老师是郑明章的武术启蒙老师，今年80多岁，他说：“小喜（郑明章的小名）当时练武很刻苦，每次练基本功，都要比别人多练。如正踢腿、外摆里合、二起脚、旋风脚、前后扫等等，他都要比别人多打几个。他勤学苦练，积少成多，日积月累，进步很快。”

有一年冬天，郑明章双手冻疮开裂。上场训练时却忘记了伤痛，练起外摆拍脚、里合击响，击掌双推后扫……，双手热乎乎又黏糊糊的，原来开裂的冻疮出血了。

1971年，郑明章刚进中学时，他每天早晨在南京路图书馆对面的戏剧剧场学拳，吃早饭时间都没有，只能在上课时低头偷偷地啃几口干粮。后来，被班主任老师发现，了解他的“特殊”情况后上报校领导，专门成立了中学武术队，让郑明章担任首任队长。学校

为武术队配备了武术器材（刀枪剑棍等），提供了运动服装和场地。作为武术队“小领导”的郑明章练武更起劲了班主任老师还从学校图书馆借来武术书籍（当时学生是不可以借的）供郑明章学习。郑明章如获至宝，如饥似渴地学习演练，还把武术书内容全部手抄在笔记本上。郑明章去农场工作后，体力劳动加上武术训练，每月的粮票就根本不够用，班主任老师就把家中省下的粮票给郑明章，以保障他练武之需。可见师生之情何其深！

他对学员获奖更高兴

中学毕业，郑明章响应“号召”进入农场工作后，仍坚持每天练武，并经常为驻地解放军官兵和农场职工表演武术节目。1978年2月，郑明章考入上海体育学院77级9班（武术班）本科学习，后因患急性肝炎病退回农场。但他并不灰心，先后10年担任当地小学武术业余班的教练工作。顶替父母退休回上海工作后，2010年7月开始参加上海精武体育总会各项武术活动，2011年7月参加各类武术比赛，2012年参加上海市首届市民运动会获得男子中年组器械（麟角刀）项目第一名，少林拳项目第二名。2014年8月参加上海举办的第十三届世界精武武术文化交流大会，今年8月他参加在江苏徐州举办的第十三届全国武术之乡武术套路比赛，也取得了好成绩。

在上海第二届市民运动会中他表现更为突出。今年6月18日，郑明章与其他老师组织258人的一支团队，参加了在外滩举行的上海第二届市民运动会武术节开幕式，展示了“刚劲有力、虎虎生威”的黑虎拳，得到武术同仁和上海中华武术会会长好评；此后他参加第二届市民运动会暨上海市民首届武术节心意、形意、八卦、六合八法交流赛，参加第二届市民运动会上海市企事业单位武术太极拳比赛、第二届市民运动会浦东新区“泥城杯”龙身蛇形太极拳比赛，均获得好成绩；在第二届市民运动会武术总决赛暨上海市武术大比武中，他还荣获男子中年组的少林拳与器械（麟角双刀）第一名。

在采访中，郑明章老师对记者说，每当获得各类武术比赛的奖牌时，就好像是一块块“激励牌”，激励他向更高峰攀登，因为学习武艺无止境；而当学员学会武术套路或获得武术比赛好成绩时，他更是比自己拿金牌还要高兴，因为这也是他武术教学的成果！郑明章的练武伙伴朱崇芳原来身体很差，郑明章循序渐进地辅导，逐步教会她练习武术拳械，还指导她如何修身养性，尚武崇德，不断

提高战胜疾病的勇气，如今她身体康复很快。朱崇芳打心眼里感谢郑明章的热心帮助。拳友张亚菲也深有体会地说，郑明章非常热心助人，凡是跟郑老师学武术的人，都对他认真负责教拳的干劲留下深刻印象，他教学时总是耐心仔细，一丝不苟讲解武术的攻防内涵，直到学员每个武术动作和武术套路完全做好为止。如今，她们在武术比赛获奖时忘不了郑明章的帮助，而郑老师总是说，这是她们不怕困难、刻苦练武的结果！

武学研究不停步

郑明章成为上海精武体育总会会员以来，挖掘整理出传统武术稀有器械《麟角双刀》；先后创编了《精武音乐——短棍操》、《麟角双刀对练》等武术套路。

他认为，“要做先生，先做学生”。作为武术教练，要教会、教好学生，首先自己要做好学生，郑明章从武术理论的备课开始，条目清晰，思路敏捷，备足案例，到武术的动作（肢体语言）规范示范都严格要求。由于身体原因，实在做不到位的，也要如实与学生讲清楚。

“笨人学拳，明人悟道。”教人学拳不是简单的“模仿”，也不是“照葫芦画瓢”，而是要教会学生问一个“为什么?”教授学生懂得拳理。如果只教拳，不教理，学生到头来还是一个“笨人”、“门外汉”。作为一位开明的武术教师不但要教会学生“打拳”的动作，还要让学生能领悟武术的“道理”，成为武术动作与道理的“明人”。

他认为，“习武、精武、尚武”有内在联系。练习武术是入门之第一步，精练武术是提高，崇尚武德是根本。作为学生“师父领进门，修行在自身”；作为先生，教武授道，两者不可缺一。

如今，郑明章老师虽然年近花甲，但他有自己的明确目标，就是要让更多的人加入练武大军，强身健体，提高生活质量，让人们生活更美好。

（2016年11月21日）

附录

上海精武体育总会简介

上海精武体育总会是中国近代体育史上历史最悠久，成立最早并有深远影响的民间体育团体。

1909年冬，西洋大力士奥皮音在上海口出狂言，要与华人较量，蔑称华人为东亚病夫，引起沪上爱国人士的极大义愤，立誓要与奥皮音一比高低，以刹洋人嚣张气焰。此时，爱国武术家霍元甲为维护中华民族尊严，以泰山压顶的威武之势来到上海，西洋大力士奥皮音闻风丧胆，不战自败，逃之夭夭。霍元甲1910年为弘扬中华武术，培养革命力量，在同盟会陈其美、农劲荪等积极支持下，创办了精武体操学校（上海精武体育总会前身）。上海精武会从诞生初始起，就表现出鲜明的爱国主义思想和强烈的民族精神，确立了“体、智、德”三育宗旨和“爱国、修身、正义、助人”、“强国、强民、强身”的精武精神；倡导“乃文乃武”，发扬中华文化，寓教于体的理念，并在20世纪20年代传播到海内外，在各国相继建立海外精武会，是我国近代体育史上具有影响和占有重要地位的民间体育团体，受到中国民主革命先驱孙中山先生的充分肯定。1920年在建会十周年时，孙中山先生为特刊《精武本纪》撰写序文，并题写“尚武精神”横匾。1950年，陈毅市长为精武奖赠“劳军模范”题词一幅，予以表彰。

新中国成立后较长时期，上海精武体育总会在党和政府积极扶持下，坚持面向市民，开展以武术为主的多种体育文化娱乐活动。

1978年后恢复精武社团的会务活动，并于1990年作为市级民间体育社团注册登记，1984年恢复会员登记，至今已累计吸纳个人会员6 537人。1994年被授予“上海市群众体育先进单位”，1996年被国家体委评为“全国首批先进武术馆校”，2001年被评为“上海市体育社团先进集体”，2007年“精武体育”被市政府列入上海市第一批非物质文化遗产名录。会所现有面积2 834平方米，训练活动用房1 700平方米。

普及武术，挖掘整理传统武术套路和开展全民健身活动始终是上海精武体育总会的主要工作。长期以来，精武会以群体传承和建设网络化普及站点为基础，对参加活动的会员，有组织地开展各类培训班、辅导班，以达到修养品德、强体益寿的全民健身目的。全市共成立了13个辅导中心、186个辅导站点；开展武术进校园工作，先后在全市100多所中小学及幼儿园开展了武术教学活动，建立了23所武术培训基地；成立传统武术研究中心，挖掘整理、传承精武传统拳种；每年举办“上海精武中、小、幼学生武术书法比赛”及“上海精武太极拳、剑暨传统武术比赛”传统赛事。

为加强同国内外精武体育会之间友好交往，将中国武术推向世界，精武会先后邀请海内外友会参加上海精武成立75周年、80周年、95周年、100周年会庆。从1990年起由上海精武体育总会发起连续在国内外举办十二届世界精武武术文化大会（其中上海举办四届），1994年在世界各精武友会倡议下，成立了世界精武体育会联谊机构，2008年更名为世界精武联谊会，常设秘书处设在上海精武体育总会。

主要工作：组织开展武术引向学校工作，选派会员和教员进学校开展学生素质教育，创办武术特色学校，普及武术运动；加强会员在公园、社区开展全民健身活动的管理，组织开展各类培训、辅导和交流活动；加强同国内外精武友会和武术团体之间的联系，组织交流；举办武术、文化等培训；组织开展武术理论研究，收集资料，编写教学教材，整理史料，传承和传授传统武术。保护非物质文化遗产。

中华武术会简介

一百年前（1918年底）由参加过辛亥革命的苏筠尚、于佑任、王一亭等爱国人士发起，中华武侠会于1919年2月2日成立。此后，中国近代民主革命伟大先行者孙中山先生为中华武术会挥笔题赠“尚武楼”。民国总统黎元洪先生亦曾为中华武术会题词“礼义干橹”。创会之初，著名体育家吴志青、于振声亲赴山东聘请查拳一代宗师杨鸿修先生，此后杨师率其弟子王占坤、马金镖、王子平、王凤章等在中华武术会教授查拳。至今已历数代，中华武术会也渐渐形成以查、滑、红、炮、刀、枪、剑、棍、戟、月牙铲、鎏金镗等共97项徒手、套路、器械、对练教学特色。

新中国成立后，在党和政府“发展体育运动，增强人民体质”的号召下，中华武术会由王凤章、冯祥瑞二位老师领衔传承发扬中华武术传统套路精华，博得了广泛的群众基础和社会知名度，同时为国家、为社会培养了大批武术人才和武术运动爱好者，在国内、国际武术比赛上争金夺银成绩斐然。

百年栉风沐雨，百年春华秋实，在中华武术会的百年流金岁月里，桃李千枝竞放，兰蕙万里飘香。在中华武术会百年的丰碑里；矗立的是尚武精神的旗帜，流淌的是诚信道德的源泉。在中华武术会的演武厅内有中国近代民主革命伟大先行者孙中山先生题词“尚武楼”。次有民国前总统黎元洪题匾“礼仪干橹”。再有与时俱进的“新三纲五常”。百年弹指一挥间，凭着对中华优秀传统武术文化的挖掘、整理、传承、发展和创新的执着与坚定信念，中华武术会的各项工作做得有声有色，事业蒸蒸日上。2014年以来，会员队伍重新壮大起来。中华武术会新增发展了查拳、国术联谊、赵堡太极、青少年武术、太极心法、传统武学、终南形意、蛇雀太极、格斗技能、欧亚武艺、散打搏击、跆拳道、内家拳、河南查拳、教学考评共十五个专业委员会。

中华武术会落实全民健身，发挥社团专长。遵照习近平总书记关于“广泛开展全民健身活动，加快推进体育强国建设”的系列讲话精神，中华武术会为贯彻落实“全民健身”的理念，积极参与市民健身活动。2016年6月18日“上海市民武术节”，在北外滩隆重推选出300人方阵，集体演练中华武术会传统拳术黑虎拳；2017年5月的“东方明珠武术节开幕式”上，中华武术会筛选出18名会员表演了罗汉棍方阵；先后参与举办2017年9月的“中山公园武术文化展览”和2017年11月的“上海市民武术主题展演”等大型社会武术活动，宣传中华优秀传统武术文化。2019年8月17日，全国太极拳（上海站）举办中国“太平杯”，胡多山老师带领的中华武术会四队荣获集体一等奖，张金红获个人项目42式竞赛套路一等奖。

中华武术会组织重大活动，弘扬中华武术，推进武术进奥运，合作主办国际武术节。中华武术会积极组织队伍参加大型武术赛事，宣传优秀武术文化，提高协会影响力。2016年12月初，中华武术会代表在“2017中国·金华国际武术节上海推介会”上围绕“发展中国武术文化、推动武术进奥运”这一主题发表了演讲，确定了金华国际武术节的总基调。赛前协会办公室成立工作小组组织选拔赛，各专委会积极参与，工作组织精细到位，最终挑选15人进行开幕式表演和33人参赛，并于2017年7月7日到达金华成功主办了赛事。此次赛事共吸引了来自捷克、奥地利、土耳其、美国、日本等12个国家及境内16个省市，共4 000多人参加比赛。最终，协会获得“武术节团体总分第一名”“发展武术突出贡献二等奖”

及“开幕式表演特别金奖”，中华武术会参赛的33名运动员，共获得金牌67枚（含散打4枚）、银牌12枚、铜牌2枚，同时还获得3个集体项目第一名。

中华武术会响应武联号召，承办首届世界武术日。2018年8月11日是国际武术联合会确定的首届世界武术日，中华武术会作为具有百年历史传承的武术社团，积极响应国际武联的号召，在杨浦滨江组织承办了“2018首届世界武术日展演活动”。五大特色板块轮番上演，武术主题讲座、百年文化展、国术大舞台、世界武技展演和世界武术日主题汇演精彩纷呈。从非遗名拳介绍到青少年武术安全防范讲座，从传统拳种器械到国际流行的竞技对抗类武术，再加上亮点十足的主题展演，为来自全世界的武术爱好者呈现了一场武术“饕餮盛宴”。通过全民参与的新颖形式，弘扬中华文明、传承武术文化，呈现海派武韵百年积淀、展现上海武术发展成果，为2019年武术世锦赛营造了热烈氛围。可以引以为豪的是中华武术会在首个“世界武术日”为杨浦滨江、魔都上海增添一份跃动、一份热情、一份精彩、一份生机和一份活力。通过“武动地球”活动为上海的武术文化史留下了一抹浓墨重彩。中华武术会从协会战略发展高度上带领专业委员会在队伍建设、教学训练、理论研究、撰文著述和参赛展演等诸方面，不断探索、创新、提升协会武术文化的软硬实力，指导各专委会撰文著述，深入各自领域开展研究，目前查拳申报“非物质文化遗产”获得上海市人民政府市长办公会议通过。2018年中华武术会编撰出版了《查拳丛书》第一辑（1—3路），编辑完成查拳第二辑（4—10路），已经交付出版印刷。中华武术会带领国内外近万名老、中、青、少会员组织了大小几百场表演比赛，成果累累，使百年中华武术会的名声重新响彻大江南北，并使国之瑰宝——中华武术文化重放光彩。

中华武术会的昨天已有美好回忆，中华武术会的今天充满了生机，中华武术会的明天会更加灿烂。

上海市老体协武术委员会简介

上海市老体协武术委员会于2003年10月30日在原拳操委员会的基础上成立。在上海市老体协的领导下，在各方面的支持、关怀和帮助下，坚持“充分发挥武术项目中修身养性、健身益寿的作用，为老年人创造更多科学的健身方法，丰富老年人晚年生活，为创造城市精神文明建设和物质文明建设作出贡献”的宗旨，积极创导“健康、快乐”的理念，通过辅导、交流、讲座、竞赛等形式，在普及、提高太极拳运动，宣传科学健身，特别在培养社区太极拳骨干队伍等方面，做了大量的工作，为推动上海市中老年人太极拳运动的开展发挥了积极的作用。

委员会成立以来，举办各种太极拳、太极器械、太极拳理论知识的培训班达150期，培训近10 000人次。培养太极拳教练员33名、辅导员160名、中国武术六段23名、中国武术二级裁判员17名、中国老体协太极拳裁判员53名。培养的近800名骨干已成为社区、乡镇、社团、社区学校、老年大学的太极拳教练员、辅导员、志愿者等，在传播、普及、提高太极拳运动中发挥了积极作用，为推动上海市中老年人太极拳运动的开展作出了贡献。

为了进一步推动上海市中老年人太极拳运动的开展，委员会还举办了41次上海市中老年人太极拳、剑（械）比赛和交流活动、上海市千人男子太极拳比赛、上海太极之星评选，并与黄浦区老体协合作首次举办“五里桥杯”2017年上海国际健康太极拳交流大会等等，参赛的中老年人太极拳爱好者达万余人次。协会积极配合有关部门、单位多次组织队伍参与大型的太极拳展示活动，如2016年6月18日组织千余名太极拳爱好者参加由上海武术院在延安东路外滩举办的"'绿地集团杯'上海市第二届市民运动会2016年上海市民武术节开幕式"的展示活动；2019年6月发动下属各团队组织近600名太极拳爱好者，参加由上海市体育局在长风大悦城举办的第十五届世界武术锦标赛"沪是高手 武动天下"主题活动，参与千人太极"八法五步"展示，共同演绎震撼的魔都屋顶武术首秀，传递中华武术精神，积极推广第十五届世界武术锦标赛；10月19日组织百名太极拳爱好者参加第十五届世界武术锦标赛开幕式的展示等等。

武术委员会还把赛事从黄浦区延伸到浦东新区、闵行、宝山等区，进一步推动了各社区中老年人太极拳运动的开展。

委员会每年还组队参加由中国老年人体育协会举办的太极拳、剑的交流活动，参加全国老年人健身大会和中国武术协会组织的健康工程太极拳公开赛，共荣获了210个金奖、一等奖和优胜奖，获45个第一名；并多次获大会颁发体育道德风尚奖，取得运动成绩和精神文明双丰收，展示了上海中老年人的精神风采。

上海市老体协武术委员会和它的前身上海市老体协拳操委员会已走过了35年历程，培养了大批社区太极拳骨干，这些骨干正在上海各个社区、乡镇、公园、老年学校等地以他们的热情和奉献构建了一个个为老年人增进健康快乐的太极拳平台，形成了一道亮丽的风景线。随着上海市老龄化不断发展，上海市老体协武术委员会将继续"不忘初心、与时俱进"，进一步培养和扩大社区太极拳的骨干队伍，弘扬中华太极文化，积极为中老年人科学健身服务，为"健康中国""健康上海"作出新的贡献。

上海体育学院中国武术博物馆简介

中国武术博物馆坐落于上海体育学院内，从2005年始建，于2007年完成二期工程，2009年完成“科学看武术”展厅建设，展示面积约2 500平方米，由拳械厅、历史厅、临展厅和“科学看武术”等展厅构成，是全国乃至世界上第一家展示武术历史与文化的专题性博物馆。

自建成至今，中国武术博物馆已经累计接待海内外观众约40万余人次，其中包括接待“上海世博会参会国家代表”“全球健康大会‘中国国家日’世卫组织专家”、上海市长咨询会各国专家参观等重大任务，先后被评为“上海市科普教育基地”“全国科普教育基地”“上海市爱国主义教育基地”“上海市留学生中国文化体验基地”“上海市中学生课外实践活动先进场所”等，为树立城市形象、传播传统文化作出重要贡献。

说《武缘》(代后记)

《武缘》新书即将付梓，我感触良多：新书中许多武林人士让我感动、鼓舞与振奋，这些老一辈武术家、中青年武术人和众多的武术爱好者广结武缘。他们跨越国界，带动了世界各地更多的人们练武强身健体。各族裔不分男女老幼、不同肤色，都有一个共同爱好：勤奋好学，珍惜生命，努力传播武术文化。习武已成为世界人民之间开展文化交流、增进友谊、追求健康养生的一种生活方式。

回顾自己的武缘，仿佛就在昨日：我的中学时期是一个动荡时代，读大学无望，每天无所事事，去人民公园练武，只是为了改变自己多病体弱的状态。此后我义不容辞赴农场战天斗地，回沪后，无论在港务局当装卸工，还是在职工学校当语文教师，以及在记者生涯几十年里，我依然不改初衷，坚持练武强身，以武会友，以武结缘。这让我认识了许许多多武林人士和武术爱好者，并结下深厚的友谊！记得中学时期在公园习武时，见到了当时任市体育宫教练、大名鼎鼎的蔡鸿祥老师，可是当时由于自己没有主动上前说明自己的迫切愿望，跟名师学武的机会擦肩而过了！然而，自己习武并没有停止过，当时在公园练武术基本功，曹伟民曾是我学习的榜样，他练飞腿（二起腿）每天数十个，让人敬佩，后来他进了市体工队，并在武术比赛中成为“南拳王”，至今仍在体校当武术教练。在他的影响下，我也不示弱，旋子也可以连续打七八个，侧空翻、后空翻也不在话下，少林拳、华拳、南拳，刀枪剑棍无所不练。后来，我当上了报社新闻记者，数十载的采访与写作，白天奔波在现场，晚上写作赶稿子，即使在工作最为繁忙的时候，也没有放弃武术练习。

武术源于中国，属于世界！早在1997年上海举行全运会时，我采访时任国家体委武术研究院副院长、中国武术协会副主席张山，撰写了《武术如何进入奥运》这篇人物专访稿件，该稿在《新民晚报》《新闻报》与《劳动报》刊登出来。斗转星移，岁月留痕。武术历经许多年国际推广持续发展，今年1月8日终于成为达喀尔2022年青奥会新增正式比赛项目，这是武术首次成为奥林匹克系列运动会正式比赛项目，令人欢欣鼓舞！

近年来，我与世界上一些武术名师、武林高手接触较多，他们的武德、练武心得、教学经验与武学思想是世界武术史上的一笔宝贵财富，促使我去挖掘，与他们深入交流，不断采访记录，这是一种美好的生活享受！他们一心扑在世界武术发展事业上，努力弘扬武术文化，不知疲倦，不畏艰辛，培养了一批又一批武术新秀和武术爱好者，让世界上更多的人们通过武术、太极带来身心健康，感受中华武术文化的无限魅力。在《武缘》成书过程中，我衷心感谢上海体育学院、上海武术院、上海精武体育总会、中华武术会和老体协武术委员会等单位给予的热忱关心与大力支持，感谢文汇出版社鼎力相助，感谢《新民晚报》编辑沈小栋先生最后的统筹编排，倾心尽力。特别要感谢国家武术研究院专家委员会专家、中国武术九段、上海体育学院教授王培锟教授为本书作序，为本书增色添彩。

钱承飞

2020年1月10日